THE SPARTANS

斯巴达人

（英）

安德鲁·J.贝利斯

著

徐阳子

译

 化学工业出版社

·北京·

The Spartans,by Andrew J. Bayliss

ISBN 978-0-19-885308-4

Copyright © Andrew J. Bayliss 2020

All rights reserved.Published by arrangement with OXFORD PUBLISHING LIMITED through Andrew Nurnberg Associates International Limited.

本书中文简体字版由 OXFORD PUBLISHING LIMITED 授权化学工业出版社独家出版发行。

北京市版权局著作权合同登记号：01-2023-5084

图书在版编目（CIP）数据

斯巴达人 / （英）安德鲁·J. 贝利斯（Andrew J. Bayliss）著；徐阳子译. —北京：化学工业出版社，2023.11

书名原文：The Spartans

ISBN 978-7-122-44244-4

Ⅰ. ①斯⋯　Ⅱ. ①安⋯　②徐⋯　Ⅲ. ①斯巴达 – 历史
Ⅳ. ① K125

中国国家版本馆 CIP 数据核字（2023）第 184057 号

责任编辑：王冬军　张　盼　　　　装帧设计：水玉银文化
责任校对：李露洁　　　　　　　　版权引进：金美英

出版发行：化学工业出版社（北京市东城区青年湖南街 13 号　邮政编码 100011）
印　　装：盛大（天津）印刷有限公司
787mm×1092mm　1/32　印张 7½　字数 99 千字　2024 年 1 月北京第 1 版第 1 次印刷

购书咨询：010-64518888　　　　　售后服务：010-64518899
网　　址：http://www.cip.com.cn
凡购买本书，如有缺损质量问题，本社销售中心负责调换。

定　　价：49.80 元　　　　　　　　　版权所有　违者必究

斯巴达大事年表

约公元前 1000 年　神话中的斯巴达"多利安"定居点建立

约公元前 900 年　吕库古在斯巴达担任立法者的传统时间

公元前 776 年　吕库古在斯巴达担任立法者期间协助举办了第一届奥林匹克运动会（吕库古担任立法者的另一个传统时间）

公元前 720 年　斯巴达人阿坎修斯（Acanthus）在奥林匹克运动会上"发明"了裸跑

约公元前 700 年　斯巴达征服美塞尼亚

公元前 676 年　卡尔涅亚祭在斯巴达创立

公元前 669 年　斯巴达在海西亚战役（Battle of Hysiae）中被阿尔戈斯击败

约公元前 650 年　美塞尼亚叛乱；提尔泰奥斯的全盛时期

公元前 630 年　阿尔克曼的全盛时期

约公元前 570 年　斯巴达与铁该亚之间的"枷锁之战"

公元前 556 年　奇隆在斯巴达任监察官

约公元前 550 年　斯巴达与铁该亚和其他伯罗奔尼撒半岛城邦结成联盟；吉第阿达斯装饰雅典娜"黄铜宫"；巴蒂克勒斯（Bathycles）在阿密克利为阿波罗 – 叙阿琴提斯敬献宝座；居鲁士大帝建立波斯帝国

约公元前 545 年　斯巴达从阿尔戈斯手中夺取了泰里亚替斯（Thyreatis）；斯巴达与阿尔戈斯之间爆发"冠军之战"

公元前 525 年　斯巴达远征萨摩斯岛

约公元前 520 年　克列奥麦涅斯成为阿基亚德国王

约公元前 515 年　戴玛拉托斯成为欧里庞提德国王

公元前 512 年　安奇摩利乌斯［Anchimol(i)us］带领斯巴达人试图在雅典结束希庇亚斯的暴政，但未获得成功

公元前 510 年　克列奥麦涅斯将希庇亚斯驱逐出雅典

公元前 508 年　克列奥麦涅斯入侵雅典，试图扶植伊萨哥拉斯（Isagoras）为独裁者，但失败了

公元前 506 年　克列奥麦涅斯领导的入侵雅典行动失败

公元前 504 年　斯巴达的伯罗奔尼撒盟友拒绝帮助斯巴达人在雅典重新确立希庇亚斯的暴君地位

公元前 504 年（？）　戴玛拉托斯在奥林匹克运动会上赢得战车比赛

公元前 499 年　米利都的暴君阿里斯塔哥拉斯访问斯巴达

约公元前 494 年　克列奥麦涅斯在塞佩亚之战（Battle of Sepeia）中击败了阿尔戈斯人

公元前 491 年　戴玛拉托斯被废黜；列乌杜奇戴斯成为欧里庞提德国王

公元前 490 年　马拉松战役；美塞尼亚的希洛奴隶叛乱；克列奥麦涅斯之死；列奥尼达成为阿基亚德国王

公元前 481 年　斯巴达人被选中领导对薛西斯的战争

公元前 480 年　温泉关战役（8 月）；萨拉米斯海战（9 月）

公元前 479 年　普拉提亚战役；密卡尔战役

公元前 478 年　斯巴达统治者帕萨尼亚斯率领盟军从波斯统治下解放塞浦路斯和拜占庭；帕萨尼亚斯因行为不端而被召回斯巴达

公元前 477 年　爱奥尼亚希腊人拒绝帕萨尼亚斯的替代者多西斯（Dorcis），并加入雅典领导的提洛同盟

公元前 476 年（?）　列乌杜奇戴斯入侵塞萨利，被抓到收受贿赂，随后遭到废黜

公元前 475 年　斯巴达就与雅典争夺希腊人的霸权展开辩论

公元前 5 世纪 70 年代　铁该亚人倒戈后，斯巴达人独自对抗铁该亚人和阿尔戈斯人

公元前 470 年　帕萨尼亚斯被再次召回斯巴达，在雅典娜神庙中寻求庇护后死亡

公元前 464 年　拉科尼亚发生大地震；美塞尼亚希洛奴隶发动起义；300 名斯巴达人在司铁尼克列洛斯被杀

公元前 462 年　斯巴达呼吁雅典协助打击伊托美的美塞尼亚叛军

公元前 461 年　斯巴达将雅典人送回国，结束了两个城邦之间的友好关系

公元前 5 世纪 60 年代末　斯巴达人在迪帕亚战役（Battle of Dipaea）中单独与阿卡狄亚人作战

公元前 457 年　斯巴达人和他们的伯罗奔尼撒盟友在塔纳格拉战役（Battle of Tanagra）中击败雅典人

公元前 454 年　美塞尼亚人在伊托美投降

公元前 445 年　斯巴达人入侵雅典；普雷斯托阿纳克斯（Pleis-toanax）在受贿撤军后阿基亚德国王之位被废；斯巴达人与雅典人达成三十年和平协议

约公元前 440 年　列奥尼达的遗体被送回斯巴达

约公元前 431 年　斯巴达人及其盟友与雅典之间爆发伯罗奔尼撒战争

公元前 427 年　阿希达穆斯二世之死；阿吉斯二世登基成为欧里庞提德国王；普雷斯托阿纳克斯回归成为阿基亚德国王

公元前 425 年　120 名斯巴达重甲步兵在斯法克蒂里亚向雅典人投降

公元前 424 年　伯拉西达开始在色雷斯开展反对雅典人的运动；修昔底德被驱逐出雅典

公元前 422 年　伯拉西达和雅典将军克里昂（Cleon）在安菲波利斯（Amphipolis）被杀

公元前 421 年　斯巴达和雅典及其各自的盟友之间签署《尼西阿斯和约》；斯巴达和雅典之间订立长达 50 年的盟约

公元前 420 年　雅典、阿尔戈斯、埃利斯和门丁尼亚结成反斯巴达联盟；伊林斯（Eleans）将斯巴达人驱逐出奥林匹克运动会；斯巴达人利卡斯（Lichas）在奥林匹亚遭鞭刑，因为他在赢得战车比赛后试图索取奖品

公元前 418 年　斯巴达人在门丁尼亚战役中获得胜利

公元前 415 年　雅典远征西西里岛；亚西比德投靠斯巴达

公元前 414 年　吉利普斯在对雅典的战争中为西西里人出谋划策

公元前 413 年　斯巴达入侵雅典并占领了迪西利亚（Deceleia）

公元前 412 年　亚西比德与阿吉斯二世的妻子蒂马戈拉 (Timagora) 有染后离开斯巴达

公元前 411 年　斯巴达与波斯结盟对抗雅典

公元前 410 年　亚西比德在库齐库斯（Cyzicus）击败斯巴达舰队

公元前 406 年　吕山德在诺丁姆（Notium）击败雅典舰队；卡利克拉提达斯在阿吉纽西之战（Battle of Arginusae）中被雅典舰队击败

公元前 405 年　吕山德在伊哥斯波塔米战役（Battle of Aego-spotami）中摧毁了雅典舰队

公元前 404 年　雅典向斯巴达投降，结束了伯罗奔尼撒战争；斯巴达人在雅典建立了"三十僭主"的傀儡政府，其领导者包括克里底亚；吕山德在萨摩斯岛获得了神圣的荣誉

公元前 403 年　斯巴达介入雅典内战；包括卡隆和提布拉切斯在内的斯巴达死者被埋葬在凯拉米克斯；雅典民主制度恢复

公元前 402 年　斯巴达人协助小居鲁士推翻其兄长阿尔塔薛西斯（Artaxerxes）并夺取波斯王位的企图失败

公元前 401 年　居鲁士在库纳克萨之战（Battle of Cunaxa）中被击败

公元前 400 年　斯巴达人征服了埃利斯，并获准参加奥林匹克运动会；阿格西劳斯接替阿吉斯二世成为欧里庞提德国王

公元前 399 年　塞纳冬的阴谋；斯巴达对波斯宣战

公元前 396 年　阿格西劳斯入侵亚洲；西尼斯卡在奥林匹克运动会上赢得了驷马战车比赛的冠军

公元前 395 年　底比斯、雅典、阿尔戈斯和科林斯对斯巴达

发起"科林斯战争"；吕山德在哈利阿耳托斯（Haliartus）被杀；帕萨尼亚斯阿基亚德国王之位被废

公元前 394 年　阿格西劳斯从亚洲被召回；斯巴达舰队在尼多斯战役（Battle of Cnidus）中被摧毁；斯巴达在尼米亚河（Nemea River）和科罗尼亚（Coronea）的陆地战中取得胜利

公元前 392 年　西尼斯卡第二次在奥林匹克运动会上赢得驷马战车比赛

公元前 390 年　斯巴达军队在科林斯附近的战斗中全军覆没

公元前 387 年　"国王和平"结束了科林斯战争，确保了斯巴达在希腊的霸权地位

公元前 385 年　斯巴达把前盟友门丁尼亚拆分成了若干村庄

公元前 382 年　斯巴达在底比斯设立驻军

公元前 379 年　斯巴达征服菲利乌斯（Phleius）和奥林索斯（Olynthus）；底比斯驱逐了斯巴达驻军

公元前 378 年　斯巴达突袭雅典比雷埃夫斯港（Piraeus）失败；雅典成立反斯巴达联盟

公元前 375 年　底比斯人在特基拉会战（Battle of Tegyra）中击败斯巴达人

公元前 371 年　底比斯人在留克特拉战役中击败斯巴达人；斯巴达在希腊的霸权结束

公元前 370 年　底比斯人入侵拉科尼亚；6000 希洛人接受了与斯巴达人作战来换取自由的提议；底比斯将军伊巴密浓达解放了美塞尼亚人并建立了新的美塞尼亚城邦

插图目录

1. 穿垂褶衫的斯巴达战士的青铜雕像，约公元前 510 ～前 500 年，沃兹沃思博物馆，康涅狄格州哈特福德

希腊或斯巴达的穿垂褶衫的战士，约公元前 510 ～前 500 年，铜制，尺寸：5 15/16× 约 2 1/16× 约 1 1/4 英寸（15.1× 约 5.3× 约 3.2 厘米）

沃兹沃思艺术学院艺术博物馆，康涅狄格州哈特福德，小皮尔庞特·摩根 1917 年赠送

摄影：艾伦·菲利普斯 / 沃兹沃思博物馆

2. 阿普利亚双耳喷口杯，约公元前 420 年，韦尔斯利学院博物馆，马萨诸塞州韦尔斯利

韦尔斯利学院戴维斯博物馆，马萨诸塞州韦尔斯利

3. 斯巴达盾牌的铜饰面板，公元前 425 年出现于皮洛斯，雅典安哥拉博物馆

雅典美国古典研究学院：安哥拉遗址

4. 绘有波斯士兵的釉面砖楣图，苏萨（突尼斯），公元前 6 世纪

图源：Lanmas/Alamy Stock Photo

5. 古斯巴达地图

资料来源：*Greece: An Oxford Archaeological Guide* by Christopher Mee and Antony Spawforth (2001). 经牛津大学出版社授权

6. 从斯巴达卫城俯瞰罗马时期的剧场

图源：Heritage Image Partnership Ltd/Alamy Stock Photo

7. 伪列奥尼达大理石半身像，公元前 5 世纪初，斯巴达考古博物馆

图源：iStockphoto.com/nexusimage

8. 来自阿尔忒弥斯·奥尔提亚圣殿的古希腊时期的铅制雕像

由 Philip Sapirstein (CC BY-NC-ND 2.0) 提供

9. 斜倚的宴客青铜俑，约公元前 530～前 500 年，大英博物馆

© 大英博物馆受托人惠允

10. 拉科尼亚黑彩陶酒杯，约公元前 550～前 540 年，柏林国家博物馆古董陈列室

图源：Marcus Cyron/Wikimedia Commons (CC BY-SA 3.0)

11. 跑步或跳舞的斯巴达女孩青铜俑，约公元前 520～前 500 年，大英博物馆

© 大英博物馆受托人惠允

12. 电影《斯巴达 300 勇士》(2006 年) 的海报，华纳兄弟电影公司

图源：PictureLux/The Hollywood Archive/Alamy Stock Photo

13. 密歇根州立大学足球队的吉祥物"斯帕蒂"(2007 年)

图源：Joel Dinda/Flickr (CC BY 2.0)

目　录

第3章 斯巴达式生活

第4章 斯巴达式教育

第5章 斯巴达女性

第6章 希洛人

第7章 斯巴达的现代遗产

THE SPARTANS

第 1 章

去，告诉斯巴达人！

我第一次接触斯巴达人是在澳大利亚上中学的时候。我清楚地记得公元前 480 年的温泉关① 战役（Battle of Thermopylae），区区 300 个斯巴达人是如何抵御数百万波斯入侵者的。我对斯巴达人的勇气感到震惊，对他们被一个希腊同胞背叛感到愤怒，对他们在最后一天选择为希腊的自由牺牲而不是投降感到敬畏。后人纪念他们英勇战绩的诗句几乎铭刻在我少年时充满理想主义的脑海中："异乡人，去告诉斯巴达人，我们阵亡此地，至死犹恪守誓言。"

　　不知何故，我那时却忽略了斯巴达人的众多阴暗面，比如他们对残疾婴儿的无情丢弃，他们公民教育

① 　温泉关（Hot Gates），古希腊语为 *Thermopylae*，译为"塞莫皮莱"，是位于希腊中部的一处险要关隘，得名于关口的一片片灼热的温泉泉眼。——译者注

制度的冷酷严苛，以及他们对奴隶阶级希洛人 ① 的残酷剥削。我当然也不会记得，两个在温泉关战役中幸存的斯巴达人，却遭到国人的谩骂与唾弃，以致其中一人不堪羞辱自杀身亡。关于斯巴达人，除了用勇气谱写的英雄史诗之外，还有更多故事可讲。斯巴达是一个独特的社会，一直以严酷著称，即使在古代也是谜一般的存在。本书将涵盖斯巴达最好的和最坏的一面。我的意图不是叙述斯巴达的历史，而是揭示斯巴达人在其鼎盛时期（公元前 550～前 371 年）的真实面貌。我将首先重温斯巴达 300 勇士血战温泉关的故事，尝试将神话与现实剥离开来。

"斯巴达式幻想"

我们很难描述斯巴达人在温泉关战役中的真实情形，因为当时的斯巴达人几乎没有留下任何资料。我们只有公元前 7 世纪诗人提尔泰奥斯（Tyrtaeus）

---

① 希洛人（Helot），古代斯巴达奴隶，另译为希洛士或黑劳士。——译者注

和阿尔克曼（Alcman）留下的寥寥百行诗句，公元前 3 世纪居住在亚历山大的斯巴达学者索西比乌斯（Sosibius，公元前 3 世纪）的只言片语（其作品仅有一些片段存于后世），以及散落的当时铭文。我们更多地依赖于公元前 5 世纪至公元 4 世纪期间的大量非斯巴达人的作品，这些作品通常将斯巴达描述为一个特立独行的社会，数百年来未曾改变。现代学者甚至创造了"斯巴达式幻想"（le mirage spartiate）一词，来描述后世如何歪曲甚至捏造有关斯巴达人的事实，以达到他们各自的文学目的。

最早提及斯巴达人的希腊历史学家是哈利卡那索斯 ① 的希罗多德（Herodotus，约公元前 484 年～前 425 年），他恰好能说明"斯巴达式幻想"为何难以超越。希罗多德在开始撰写希腊人和波斯人之间的冲突历史时，就表示想"为重要和卓越的成就留

———

① 哈利卡那索斯（Halicarnassus），今土耳其城市博德鲁姆（Bodrum），古希腊卡里亚（Caria）的首府，位于安纳托利亚（Anatolia）的塞拉米库斯湾（Gulf of Cerameicus），是波斯帝国从小亚细亚到爱琴海南部通道上的主要海军基地。——译者注

名"。他用 *taumasta* 一词来形容"卓越的成就",这个词的本义是"令你惊叹地瞪大眼睛的事情",而他对斯巴达人在温泉关浴血奋战的描述无疑兑现了这一承诺。希罗多德对斯巴达人独具风格的描绘使一些当代专家认为,他实际上把斯巴达人作为"外国人"介绍给希腊本土读者。在希罗多德看来,斯巴达人不同寻常的行为需要像介绍波斯人(Persians)、米底人(Medes)、巴比伦人(Babylonians)、埃及人(Egyptians)、斯基泰人(Scythians)以及其他"野蛮人"那样加以说明。

希罗多德似乎想讲给大家一个精彩的故事,而他的一些追随者则利用斯巴达人的独特形象来达到某种目的。雅典人色诺芬(Xenophon,约公元前430年~前354年)写了一部《斯巴达政制》(*Spartan Constitution*)和一部斯巴达人霸权时期的历史,他经常强调斯巴达的独特性,由此证明斯巴达社会比其他希腊城邦更具优越性。相反,曾在伯罗奔尼撒战争(Peloponnesian war,公元前431~前404年)中与斯巴达人作战的雅典历史学家修昔底德（Thucydides，约公元前 460 年～前 400 年），以及写下讴歌家乡的作品《全希腊盛会献词》（Panegyricus）的雅典演说家伊索克拉底（Isocrates，公元前 436 年～前 338 年），则倾向于将斯巴达人的独特性视为其不如雅典人的证据。对于雅典的柏拉图（约公元前 428 年～前 347 年）和斯塔基拉（Stageira）的亚里士多德（公元前 384 年～前 322 年）等哲学家来说，斯巴达只是一个审视理想社会的透镜。柏拉图总体上对斯巴达持肯定态度，他主要关注斯巴达社会中符合其"理想国"蓝图的各个方面。亚里士多德则认为斯巴达社会存在根本性的缺陷，于是他更多地关注斯巴达符合这一论断的方面。正因为如此，这些当代资料中没有一个（包括色诺芬的《斯巴达政制》）能够为我们提供关于斯巴达社会运作模式的系统、客观的描述。

我们后来掌握的有关斯巴达的资料都是罗马人征服希腊人之后很久才出现的，其中包括最多产的彼奥提亚（Boeotia）传记作家普鲁塔克（Plutarch，约公元 46 年～ 120 年），因此与温泉关战役时期的斯巴达人相距甚远，一位现代专家称之为"巨大的时间和文化距离"。斯巴达当时经常被比作"主题公园"，因为斯巴达人怪异的行为举止对地中海附近地区的外国游客颇具吸引力。因此，在普鲁塔克为虚构的斯巴达立法者吕库古（Lycurgus）所著的"传记"中，他对斯巴达社会运作情况的介绍，实际上可能是在描绘一座罗马时期的城市，而不是在温泉关战斗的斯巴达人所居住的城市。由此可见，我们不能简单地将相隔千年之久的资料随意拼凑使用。如今，学者们更提倡一种"语境论"的研究方法，即先从希罗多德、色诺芬等斯巴达时期的资料开始，然后再诉诸普鲁塔克等人的可信度略低的后期资料，但这并不意味着我们可以无视那些关注斯巴达人"他者性"（otherness）的后期资料。"斯巴达式幻想"的概念告诉我们，斯巴达人的确与众不同。正如一位现代专家近期所言，"斯巴达式幻想"要求我们转换视角看待问题，而不是"全盘否定"后期资料。

塞莫皮莱：温泉关

当希罗多德在大约 50 年后记录他们的故事之时，公元前 480 年夏天斯巴达人在温泉关的壮举已经广为流传。但是，当斯巴达国王列奥尼达（Leonidas）率领那支由 300 公民兵和约 700 奴隶随从组成的小分队与波斯人作战时，他们谁也不会想到，大约 2500 年后，世界各地的人们争相为他们著书立传，或以他们的名字命名运动队，或把他们的行动视为传奇。那年夏天，他们只是在履行作为斯巴达——一个位于伯罗奔尼撒半岛东南部拉科尼亚（Laconia）的渺小而伟大的希腊城邦——公民的职责。他们的任务是与来自伯罗奔尼撒半岛和希腊中部的约 4000 名希腊同胞会合，并带领他们对抗由波斯国王薛西斯（Xerxes）领导的真正的大规模入侵。

其他希腊人之所以选择斯巴达人来领导他们对抗波斯人，是因为斯巴达人是希腊最好的战士，他们还领导着"伯罗奔尼撒同盟"（Peloponnesian League）。

斯巴达人此次的任务量之巨、难度之高都成就了其后世的传奇地位。波斯王国如此之大，希罗多德描述其国土从日出一直延伸到日落。相传薛西斯的军队有300万人之众，仅随行的驮畜就能把一池湖水喝干！然而斯巴达人一点都没有因此而畏惧退缩。有人警告他们说，薛西斯军队射出的弓箭多得可以遮蔽天上的太阳，但斯巴达战士狄耶涅凯斯（Dieneces）冷笑着回答道："那更好，这样我们就可以在日荫下作战了。"

列奥尼达的联军规模相对较小，部分原因是薛西斯的王国比希腊要大得多，同时也是因为薛西斯的入侵恰逢四年一度的奥林匹克运动会，此时所有希腊人都要暂停敌对行动，还有一年一度的泛多利安宗教节日卡尔涅亚祭（Carneia），此时斯巴达人和大多数伯罗奔尼撒人都严格维持了为期一个月的休战。现代学者经常推测，列奥尼达和他的部下只是一支象征性的部队，他们的任务是牵制薛西斯，直到卡尔涅亚祭后援军到来；据说在此期间，斯巴达人有意避免任何战斗，但是像作战的战士们一样住在帐篷里并定时进行军事操练，也有可能列奥尼达率领的是一支敢死队。包括列奥尼达在内的所有斯巴达人都有活着的儿子，据普鲁塔克说，列奥尼达在出发前曾嘱咐他的妻子戈尔歌（Gorgo）嫁给一个好男人，生下强壮的孩子，这些都表明他根本无意生还。狄奥多罗斯（Diodorus，写于公元前 60 ～前 30 年）提供了一个更加戏剧性的版本：斯巴达的行政长官［又称监察官（ephors）］曾坚持要求列奥尼达多带些人去温泉关，但被列奥尼达断然拒绝，后者坚称他们的任务是"为所有人的自由而牺牲"。

事实上，斯巴达人获胜的可能性非常小，薛西斯认为他们肯定会落荒而逃。据希罗多德记载，当时斯巴达人一直没有逃跑，于是薛西斯派探子去看他们究竟在做什么。当这位波斯国王得知一些斯巴达人在赤着身摔跤，另一些人则围坐在一起梳理自己的披肩长发时，他感到非常震惊。薛西斯召见了随行的斯巴达流亡国王戴玛拉托斯（Demaratus），想要知道斯巴达人的这种行为到底是什么意思。戴玛拉托斯警告他说，斯巴达人准备在战场上浴血奋战之前总会梳理自己的头发。但薛西斯对戴玛拉托斯的解释一笑置之，他根本无法相信就这么点斯巴达人，胆敢同他的庞大军队作战。

希罗多德写到，经过四天的等待，薛西斯终于忍无可忍，他对斯巴达人的"愚蠢和无耻"感到愤怒，并命令将士们发动进攻。据史籍记载，薛西斯要求斯巴达人缴械投降，但列奥尼达只回答了一句"*môlon labe*"，意思是"你自己来取"。可惜希罗多德的记述中并未提及此事，说明这是后人自己编造的小故事，否则希罗多德绝不可能忽略这样一句极具戏剧性和英雄气概的台词。

斯巴达人表现出的自信并非薛西斯想象中的那样有勇无谋。列奥尼达选择保卫塞莫皮莱的山口（因山口中多处温泉泉眼而得名"温泉关"），因为这里是希腊北部和中部交通干线上的一个天然瓶颈，可以削弱波斯人在数量上的优势。如今，冲积土层导致海水向后退了 5 公里，但在列奥尼达的那个时代，塞莫皮莱山口的宽度不超过 100 米，海水可以直接冲上道路的边缘。列奥尼达选择驻守在一个特别狭窄的路段，仅有 15 ～ 20 米长、约 15.5 米宽。在这里，不可逾越的悬崖陡然矗立，大海猛烈地冲撞着岩石。我们今天还能看到列奥尼达的部下重建的所谓"佛西斯墙"（Phocian wall）的遗迹。

列奥尼达坚信薛西斯不会选择其他路线进入希腊，因为穿过温泉关的道路最适合骑兵和轮车行走，而且这条路距海如此之近，薛西斯可以与他的庞大舰队（据称有 1207 艘战舰和 3000 艘运输船）保持紧密联系。但斯巴达人在到达温泉关之前不知道的是，山脊上其实还有一条通道，可以供他们守在山口最窄处的部队绕行使用。于是，列奥尼达责成当地的佛西斯部队守卫这条羊肠小道。现代评论家经常批评列奥尼达当时不用自己人守卫这条备用路线，或至少应该派一名斯巴达军官与佛西斯人（Phocians）一起驻守，但鉴于佛西斯人对地形的熟悉和了解，列奥尼达的选择其实是合理的。不管这种选择有何好处，列奥尼达信任佛西斯人守住后门的这一决定，终将成为斯巴达人在温泉关英勇作战的传奇故事中的关键一环。

斯巴达 300 勇士

列奥尼达和他的部下在参与温泉关战役的所有希腊人中具有很高的辨识度。斯巴达公民称自己为"*homoioi*"（"平等者"或"相似者"），这种"平等"的表现之一就在于他们整齐划一的外表（见图 1-1）。所有斯巴达人都留着长发，据说是为了让英俊的人更英俊，让丑陋的人更可怕。斯巴达士兵都穿着红色披风和无袖外衣——也就是所谓的"红色套装"（*phoinikis*）。斯巴达士兵如此装扮的部分原因是红色被认为是最能彰显男性气概的颜色，还有一部分原因是红色有助于掩盖血渍。斯巴达人随身还携带一根木制棍棒（*baktêrion*），有时被比作现代军官使用的权杖。斯巴达人的装扮在当时与众不同，似乎是为了将敌人的注意力集中在他们令人生畏的一致性和统一性上。

图 1-1　穿垂褶衫的斯巴达战士的青铜雕像，约公元前 510 ～前 500 年，
　　　　沃兹沃思博物馆，康涅狄格州哈特福德

斯巴达人同时也在塑造一种绅士派头的形象。他们标志性的披肩长发需要花费大量时间和精力进行养护，因此被认为只适合于富裕悠闲的上流人士。正如亚里士多德所说，"长头发的人不方便从事任何体力劳动"。斯巴达人猩红色的服装也是财富的象征，因为生产每件披风所用的红色染料都需要捕捞成千上万的骨螺（*murex brandaris*）加工制作而成，就像后来罗马皇帝衣料所用的贵重染料"推罗紫"（Tyrian purple）一样。好在骨螺在斯巴达沿海水域里大量繁育，使斯巴达人能够长期获得这种持久耐用的红色染料，罗马作家老普林尼（Pliny the Elder，23～79年）后来称赞其为"欧洲最佳染料"。尽管如此，斯巴达人的披风经常被描述为"*phaulos*"，它的字面意思是"轻飘飘的"或"分量不足的"，表明这种披风一般质地轻薄、工艺简单，不过这个词有时也被翻译为"短小的"。

斯巴达步兵（和其他希腊步兵一样）被称为"重甲步兵"。他们身穿大约30公斤重的青铜盔甲，这

种盔甲被称为"重甲"（*hopla*），"重甲步兵"（hoplites）
一词即由此而来。斯巴达步兵的头上戴着马鬃冠的封
闭式头盔，可以保护整个头部及脸部，这种头盔被称
为"科林斯头盔"（'Corinthian' helmet，见图 1-1）。
现代专家研究认为，由于缺乏感官上的直观性，科
林斯头盔营造出一种心理上的警觉状态，并且由于
无法看到佩戴者的脸庞，从而使其看起来野蛮性十
足。在温泉关战役结束几十年后，斯巴达人似乎舍弃
了对视觉和听觉的保护，用锥形的皮洛斯头盔（*pilos
helmet*，见图 1-2）取代了科林斯头盔。列奥尼达和

图 1-2　阿普利亚双耳喷口杯，约公元前 420 年，韦尔斯利学院博物馆，
马萨诸塞州韦尔斯利

他的部下都穿戴青铜胸甲和青铜护腿，并在左臂上佩戴一个巨大的（周长约90厘米）、碗状的铜面木质盾牌（*aspis*，见图1-3）。据说，斯巴达人会在他们的盾牌上刻下希腊字母"*lambda*"①，但这种说法的最早证据来自于一位雅典剧作家，并且他是在温泉关战役结束几十年后才有此记述。实际上，列奥尼达及其部下在盾牌上刻印的可能是较为私人的符号或标志。普鲁塔克曾经讲述了一个故事，说一个斯巴达人因为在盾牌上刻有一只栩栩如生的苍蝇而被其他人嘲笑，但他却反驳说："我将最大限度地接近敌人，让他们看清楚我盾牌上的标志。"希腊的重甲步兵往往排成队列进行作战，他们的盾牌不仅能够保护自己，也能保护他们右侧的战友。这种"密集式"的阵形会产生一种紧密团结和相互依赖的感觉。

在武器方面，斯巴达人右手拿着梣木制成的铁头长矛（枪尾装有青铜制尖刺），随身还佩有一种短身刺剑（*xipho*s），作为长矛断裂时的备用武器。斯巴达

---

① 即第11个希腊字母（Λ，λ）。——译者注

图 1-3　斯巴达盾牌的铜饰面板，公元前 425 年出现于皮洛斯，雅典安哥拉博物馆

士兵的佩剑是出了名的短小，以至于公元前 4 世纪的雅典政治家德马德斯（Demades）开玩笑说，魔术师可以把剑整个吞下去。针对这一调侃，斯巴达人直截了当地回应道："尽管如此，我们斯巴达人还是能用它来刺杀敌人"。公元前 7 世纪的斯巴达诗人提尔泰奥斯曾用诗句描绘出典型斯巴达战士的英勇形象："来吧！斯巴达的青年们，这里好汉如云，左手握紧盾牌，大胆挥舞你们的长矛吧，不要吝惜自己的生命，因为这不是斯巴达人的传统。"

斯巴达人凭借其英勇无畏的战斗精神从他们的希腊同胞中脱颖而出。在希腊的其他地方，只有那

些自己买得起青铜盔甲的比较富裕的公民才会作为
重甲步兵参战。例如，在雅典，比较贫穷的公民一
般是在战船上划桨，或加入轻装部队参战。但在列
奥尼达时代，斯巴达公民均可作为重装步兵参加战
斗。根据修昔底德的记述，斯巴达人在笛声的伴奏下
缓慢步入战场，以确保"步调一致，稳步前进，队
形不变"。在薛西斯入侵时，斯巴达军队以五个单
位为编制作战，称为"兵团"（*lochoi*），由一名被称
为"兵团领导者"（*lochagos*）的军官指挥；每个兵团
又划分为更小的单位，称为"誓师团"（sworn bands，
或希腊语 *enômotiai*），由一名被称为"誓师团长"
（*enômotarchês*）的军官领导。后来，斯巴达人将这
种军队编制改为六个单位，称为"军事旅"（*morai*），
由"五十人团"和誓师团组成。色诺芬曾细致描述了
军事命令是如何从斯巴达国王传达给"军事执政官"
（*polemarchoi*），然后再传给"兵团领导者"，最后传
给"誓师团长"，由誓师团长告诉他们的官兵具体该
如何行动。这种指挥结构的专业性在当时是无与伦比

的。正是由于其与现代军事编制的相似性，许多现代人都将斯巴达的军职名称翻译为上校、少校和上尉。斯巴达列奥尼达时代的五个"兵团"的名称被保留下来，这些名称传达出斯巴达人作战时的精神状态："吞噬者""掠夺者""狂暴者""雷云"和"中心领导者"。显然，在温泉关作战的斯巴达将士们无愧于这些称号。

人们普遍期望斯巴达人能够战斗到生命的最后一刻。戴玛拉托斯曾警告薛西斯，"斯巴达人在战场上是无人能敌的"，因为他们视法律为至高无上的"专制君主"，而法律要求他们"面对再多的敌人也不能逃离战场，一定要坚守自己的阵地，不是征服就是死亡"。狄奥多罗斯宣称，列奥尼达当时拒绝带领整个斯巴达军队出征，就是考虑到此举将会对斯巴达造成毁灭性的影响，"因为他们中没有一个人会做逃兵"。这种破釜沉舟、决一死战的态度甚至体现在斯巴达人的公民宣誓词中——斯巴达军队中的"誓师团"由此得名——誓词约束他们"不得离开队伍"，也就是说，要么在战斗中获胜，要么在战斗中死亡。

这种做法可能要追溯到所谓的"冠军之战"（Battle of the Champions，约公元前545年），这是一场由斯巴达和阿尔戈斯（Argos）发起的300名勇士之间的决斗，旨在解决领土争端，但实际上是为了决定由哪个城邦来控制伯罗奔尼撒。战斗到最后只剩下三名战士：两个阿尔戈斯人——阿尔赛诺（Alcenor）和克罗米奥斯（Chromius），他们依据最后人数上的优势判断，以为自己赢得胜利，便急忙赶回国内报告战果；最后一个斯巴达人奥瑟里亚达斯（Othryadas）却留在战场上，他剥去了阿尔戈斯人尸体上的盔甲，建造了一座"胜利纪念碑"。后来的传说（并不可靠）这样记述，奥瑟里亚达斯用自己的鲜血写下了"致宙斯，战利品的守护者"的献词。斯巴达和阿尔戈斯对战斗结果均有争议，一场全面的激战随之展开。双方伤亡惨重，但斯巴达人最终取得了胜利，确保了对领土的控制权，并证明他们才是伯罗奔尼撒半岛的主人。希罗多德记载称，战争胜利后，斯巴达人开始留起长发，而阿尔戈斯人则剪短头发以示哀悼，并发誓在夺回领土之前不再留蓄长发。尽管如此，在斯巴达人获得伟大胜利之后，奥瑟里亚达斯却自杀而亡，原因是 300 人中只有他一人幸存，这令他感到"羞耻"。

在随后的几个世纪里，许多斯巴达人（通常是指挥官）选择战死沙场，而不愿意像奥瑟里亚达斯那样遭受独自苟活的耻辱。据修昔底德讲述，这已经成为一种常态，"无论是武力还是饥荒都不能使斯巴达人缴械投降，只要一息尚存，他们就会继续战斗下去"。

以寡敌众

温泉关战役结束之后，有希腊诗句这样自豪地宣称："在这里，来自伯罗奔尼撒的四千人曾经面对三百万敌人浴血奋战。"然而，现代人对薛西斯部队的估计是在 10 万到 30 万人之间。在薛西斯庞大的多民族军队中，占大部分的是波斯人和米底人（Medes），他们戴着被称为头冠的宽松头巾，身穿带有刺绣的长袖束腰外衣、鳞片盔甲和宽松的裤子（见图 1-4），这在古希腊是极端令人厌恶的装扮。对希腊人——尤其是斯巴达人——而言，正派的男人并不害怕炫耀他们的身体。修昔底德甚至宣称，希腊人喜欢赤身进行运动的做法最早是由斯巴达人"发明"的。波斯人的主要武器是弓箭——有人戏称他们射出的箭遮天蔽日，能够使天空都暗下来。薛西斯的士兵也用长矛作战，但关键是他们的矛比斯巴达人挥舞的长矛要短一些。

图 1-4 绘有波斯士兵的釉面砖楣图，苏萨（突尼斯），公元前 6 世纪

尽管获得胜利的可能性几乎为零，列奥尼达和他的部下还是将薛西斯的庞大军队阻挡在温泉关山口整整两天。斯巴达人和他们的希腊同胞击退了一波又一波薛西斯的手下，首先是米底人和奇西亚人（Cissians），一旦薛西斯对胶着的战局变得非常不耐烦，他就会派出精锐部队，即所谓的"不死军"（Immortals）。这一万名被精挑细选出来的士兵之所以"不死"，是因为他们一旦在战斗中出现伤亡，就会立刻获得兵源补充。狄奥多罗斯称，斯巴达人杀死了薛西斯的大量士兵，"整个山口到处都散落着尸体"。正如希罗多德所说，斯巴达人"让敌方每个人，特别是国王本人清楚地知道，他虽然'人'（anthropoi）的数量众多，但真正'勇敢的人'（andres）没有几个"。

希罗多德说，斯巴达人的战斗力非常强，因此他们才会选择孤注一掷。他描述了一种斯巴达人反复运用的策略：斯巴达人首先背对着波斯人假装逃跑，但当波斯人冲上前去追击时，斯巴达人就会迅速重新列队，趁追兵在一片混乱之中大量杀敌。狄奥多罗斯用

"惊人"一词形容这场战斗，并陶醉于斯巴达人的勇猛，他借用希罗多德的一句话感叹道："他们的人数不足敌人的千分之一，却敢于用自己的男性气概来对抗难以企及的对手，这种精神无人能敌。"

现有资料一般将温泉关战役描述成一场持久、残酷的战役。以狄奥多罗斯为例，他指出希腊联军一开始是以接力的方式作战，但很快斯巴达人拒绝轮换休整，士兵们无论长幼全都争先恐后地展示他们的勇气和力量。但一些学者已经开始质疑这一描述的真实性，因为像冰球、橄榄球和足球这样的现代接触性运动，分别只跑60、80或90分钟，往往就会使球员感到筋疲力尽。我也倾向于认为双方在战斗中应该会做短暂休整，例如，波斯人在战斗中一定会停下来思考下一步的行动。尽管如此，我们必须记住的是，战争不是体育运动。为自己的生命而战所带来的肾上腺素激增，意味着士兵们在激烈的战斗中往往能够发挥出超越现代运动员的强大耐力。当你的生命取决于它时，就更容易冲破个人身体极限的那堵高墙。

"噩梦"来袭

我们永远不会知道列奥尼达是否真的希望守住温泉关。因为在第二天快要结束时，希腊人被自己人出卖了：一个名叫埃菲阿尔特斯（Ephialtes）的特拉奇尼（Trachinian）当地人把那条可以翻山的羊肠小道告诉了薛西斯。在古希腊语和现代希腊语中，"埃菲阿尔特斯"这个名字都有"噩梦"的意思①，当然这只是一个巧合，但无疑增加了这个故事的传奇性。斯巴达人后来重金悬赏取埃菲阿尔特斯的性命，虽然最后埃菲阿尔特斯由于其他原因被人谋杀，但斯巴达人还是重奖了那个杀他的人。

薛西斯迅速采取行动，命令埃菲阿尔特斯做向导，带领将军海达尔尼斯（Hydarnes）和"不死军"沿着羊肠小道前进。据希罗多德记载，他们在"掌灯时分"出发，黎明之前到达山顶。但在黑暗中穿越山

---

① Ephialtes，词源是动词 epiallomai，字面意思是"跳上去"，源于常见的一种梦魇，即梦到妖怪或恶魔跳到熟睡人的胸口上。——译者注

区实际是一个相当危险的选择，所以希罗多德的记录里可能有一些夸张的成分。当守卫道路的佛西斯人被波斯人的脚步声惊动时，他们误以为自己是波斯人的主要攻击目标，因而赶紧撤退到了高地上，这一致命错误足以改变整个战局。不出所料，海达尔尼斯原本很害怕，以为这些佛西斯人就是斯巴达人，但埃菲阿尔特斯向他保证他们不是斯巴达人 [①]。于是波斯人顺利通过毫无希腊军队驻防的山口，把佛西斯人远远抛在身后。

当列奥尼达得知自己即将被包围时，他的整个军队已经来不及撤退了。有人说是几个逃兵警告了他，还有人说列奥尼达的先知梅吉斯蒂亚斯（Megistias）在检查了献祭者后预言死亡将在黎明到来，但这一说法未免太过刻意。无论出于什么原因，列奥尼达当即解散了他的大部分部队，但自己选择继续留守战场，以争取足够的时间让其他部下安全撤离。希罗多德认

---

① 有研究认为，埃菲阿尔特斯此举恰好说明，当时斯巴达人已经把字母"λ"刻在他们的盾牌上作为辨认的标志。——译者注

为，列奥尼达选择留下，一方面是为了获得"荣耀"，另一方面是为了实现德尔斐（Delphi）神谕，因为德尔斐神谕曾经预言，除非斯巴达国王被杀，否则斯巴达人将被波斯人彻底毁灭。一些现代学者认为，这一"神谕"是事后发明的，旨在为斯巴达人耻辱性的失败寻找看似高尚的解释。但也有人认为，列奥尼达自己发布了这条"神谕"，以实现他在最后那一天的目的。甚至还有一种可能，斯巴达人意识到他们的战斗违反了卡尔涅亚祭的常规传统，于是便将自己作为一种活人献祭，以避免斯巴达招致"诸神"的不满而受到惩罚。

"今夜我们在地狱用餐"

在最后那天的早晨，列奥尼达和他剩下的斯巴达部队向波斯人发起进攻。陪伴他们的还有塞斯比阿（Thespiae）的重甲步兵，他们拒绝与其他盟友一起离开。底比斯（Thebes）的重甲步兵在最后一天也留了下来，但颇有争议的是，据说是列奥尼达把他们当作人质扣留下来，以确保底比斯不会落入波斯人之手。斯巴达部队行进至一个比较宽阔——因此也更加危险——的山口地带，在这里与敌人展开激战。希罗多德用"疯狂"来形容这些斯巴达人；狄奥多罗斯的记载中说，由于斯巴达人早已做好了赴死的准备，因此他们"做出了英勇壮烈、不可思议的事情"。一些现代学者认为，斯巴达人试图实现一种"唯美的死亡"（*kalos thanatos*），这一概念来自于提尔泰奥斯的诗歌，他告诉一代又一代的斯巴达人，"一个好人为祖国而战死沙场是一件极度美丽的事情"。据柏拉图描述，斯巴达人的生活及态度深受提尔泰奥斯诗歌的影响。

当海达尔尼斯和"不死军"出现在他们身后时，列奥尼达和他的一众部下已经实现了"唯美的死亡"。他们同时"带走"了许多勇敢的波斯人，其中包括薛西斯的两个同父异母的兄弟。据希罗多德记载，许多波斯人被踩在脚下，还有不少人被斯巴达疯狂的战斗方阵强行推入海中。希罗多德说列奥尼达的手下通过"猛烈的推搡"和"男子的气概"将波斯人四次推入大海，这不禁让人想起荷马史诗《伊利亚特》(*Iliad*) 中的一段记载：希腊人在斯巴达国王墨涅拉俄斯（Menelaus）的带领下与特洛伊人争夺英雄帕特洛克罗斯（Patroclus）的尸体时，三次将特洛伊人"推"出阵地。

由于"不死军"的到来，斯巴达人的命运已经注定，剩下的斯巴达人和塞斯比阿人撤退到一片狭窄的悬崖上，展开最后的殊死抵抗。这样一来，他们就与投降的底比斯人失去了联系。薛西斯后来在这些底比斯人的额头上打上烙印，作为奴隶的象征。悬崖之上，大多数斯巴达人的长矛已经折断，只能用剑或刀作战。有些人在面对四面八方涌来的波斯人时，甚至只用双手和牙齿进行搏斗。即使如此，斯巴达人的勇猛令人生畏，许多波斯人宁愿用弓箭射倒他们，也不敢和他们近距离交战。最后，波斯人可能真的用难以计数的弓箭遮蔽了整片天空！

狄奥多罗斯记载称，列奥尼达曾经对薛西斯的军帐发动了最后一次夜间奇袭，波斯人惊慌失措，薛西斯只能狼狈地连夜出逃。不过这个故事有些离奇，基本不被现代评论家所接受。在一篇略带讽刺意味的作品《论希罗多德的恶意》（*On the Malice of Herodotus*）中，普鲁塔克甚至批评希罗多德对夜袭情节的省略掩盖了列奥尼达英勇无畏的行为，并承诺将在列奥尼达的传记中纠正这一问题以及其他遗漏情节，当然至今并没有见到这样的作品。狄奥多罗斯还宣称，当列奥尼达的部下恳求他带领他们对抗波斯人时，他命令将士们迅速准备早餐，因为他们的下一餐即将在地狱（Hades 或 hell）享用了。我们当然可以忽视这一情节，因为像上文提到的列奥尼达名言"你自己来取"一样，这个小插曲也是后来人自己编造的，希罗多德当时并未记录。

战争结束后，薛西斯非常生气，他砍下了列奥尼达的头，并把它挂在长矛上。波斯部队的伤亡人数高得令人羞愧——据希罗多德说大约是 2 万人——因此薛西斯不得不精心策划了一场戏，即把所有的斯巴达人的尸体堆在露天供人观看，而把自己军队堆积成山的尸体掩藏起来，这样就不会有人知道如此多的波斯人竟然被寥寥斯巴达人杀死。希罗多德兴致勃勃地讲述，来到这里的希腊访客可没有这么容易糊弄，他们很快辨别出薛西斯向他们展示的许多所谓的"斯巴达人"的尸体实际上是由波斯人的希洛奴隶冒充的。

失败中的胜利?

乍看之下，温泉关战役似乎是一场灾难性的失败。但狄奥多罗斯认为，斯巴达人在面对如此巨大的困难时展现出的勇气与力量，使他们的希腊同胞深受鼓舞，并激励着希腊人在随后与波斯人的战斗中不怕牺牲、奋勇杀敌。温泉关战役结束后不久的那个夏天，希腊人在决定雅典生死存亡的萨拉米斯海战（Battle of Salamis）中战胜了薛西斯的庞大舰队，并迫使薛西斯返回波斯。第二年夏天的普拉提亚战役（Battle of Plataea），斯巴达人率领近 4 万名希腊重甲步兵战胜了由薛西斯的侄子玛尔多纽斯（Mardonius）

指挥的约 30 万波斯大军。狄奥多罗斯强调，后来的这些战役打消了波斯人征服希腊的野心，"当后人想起这些人的英勇事迹时，波斯人惊慌失措，而希腊人则深受感召"，他们甚至声称斯巴达人"对希腊共同自由所做的贡献"比那些在萨拉米斯和普拉提亚英勇作战的将士更大。

在击退波斯人之后，人们在斯巴达勇士最后站立的那片悬崖之上建起了一座石狮子纪念碑，上面写着凯奥斯岛的西摩尼得斯（Simonides of Ceos，约公元前 556～前 468 年）的著名诗句："异乡人，去告诉斯巴达人，我们阵亡此地，至死犹恪守誓言。"人们还在斯巴达建立了一座纪念碑，上面刻写着参加温泉关战役的所有斯巴达人的姓名。罗马时期的旅行作家帕萨尼亚斯（Pausanias，约公元 110～180 年）描述了这座纪念碑，希罗多德显然也见过这座纪念碑，因为他说在去斯巴达旅行时了解到所有这些"值得载入史册的人"的姓名。帕萨尼亚斯还讲述，斯巴达人利用在对抗薛西斯战争中夺取的战利品在他们的广场

（agora）上建造了所谓的"波斯拱廊"（Persian Stoa）。温泉关战役结束后 40 年，列奥尼达的后人帕萨尼亚斯国王（King Pausanias）才将他的遗体带回斯巴达。希腊化时期人们建造了列奥尼达神殿（Leonidaeum），还以列奥尼达的名义举办各种比赛以示纪念。只有斯巴达公民才能参加这些比赛，这表明斯巴达人选择忽视其他希腊人在温泉关战役中所做的贡献，其实这是非常不公平的，最起码塞斯比阿人在战斗最后一天的遭遇与斯巴达人完全相同。

懦夫阿里斯托德穆斯？

但斯巴达人在温泉关的故事并没有就此结束。斯巴达人对在温泉关牺牲的将士们的崇敬与他们对两名战争幸存者——潘提蒂斯（Pantites）和阿里斯托德穆斯（Aristodemus）——的态度形成了鲜明对比。潘提蒂斯当时被派去做信使，返回斯巴达后深感羞耻最终上吊自杀。阿里斯托德穆斯的故事则更为复杂。他和另一个名叫欧律特斯（Eurytus）的斯巴达人都患有眼疾，这严重影响了他们的视力，欧律特斯甚至需要由他的希洛奴隶牵着手才能参加最后一次战斗。欧律特斯和阿里斯托德穆斯究竟受到什么折磨尚不清楚，但专家们认为，他们可能是由于两天无情的战斗所造成的心理创伤而暂时失明。失明的欧律特斯义无反顾地投入战斗并死在战场，但阿里斯托德穆斯则做出另一种选择。因此，当他回到家乡时，人们痛斥他为"颤抖者"（tresantes）。据希罗多德记载，没有斯巴达人愿意与他分享火种，甚至没有人愿意跟他说话。

阿里斯托德穆斯试图在第二年夏天的普拉提亚战役中摆脱耻辱，他从斯巴达人的队伍中猛冲出来，"成就了伟大的事业"，最终猝然倒下。希罗多德认为，阿里斯托德穆斯是迄今为止普拉提亚战役期间所有希腊战士中最勇敢的人，但斯巴达人却以阿里斯托德穆斯是故意寻死为由而否认他英勇无畏的事实，希罗多德对此感到困惑。希罗多德只能将斯巴达人的这种态度解释为嫉妒，另有许多学者都谴责斯巴达人对待阿里斯托德穆斯有失公平。甚至有人认为阿里斯托德穆斯和潘提蒂斯的结局其实是一个巨大的阴谋，他们都是为了确保没有任何与温泉关事件官方记录相矛盾的消息泄露出去而被有关方面灭了口。但我对这个故事的解释是，在斯巴达人看来，勇敢便意味着牺牲自己的生命，问题的关键在于不是你想死，而是尽管你想活却仍然选择死亡。像欧律特斯一样，阿里斯托德穆斯本来可以勇敢地与他的战友们一起死亡，这就是为什么斯巴达人把他视为一个懦夫而不是一个勇敢的人。我知道这很残酷，但斯巴达本身就是一个残酷的地方。

THE SPARTANS

第 2 章

斯巴达的公民结构

虽然斯巴达号称"人人平等"，但实际上却是一个等级森严的社会，其公民结构包括：（1）居住在斯巴达城内、具有完全公民权的斯巴达人，称为"平等者"；（2）比"平等者"低一等的中间阶层，居住在城市周边的区域，被称为"边民"（*perioikoi*）；（3）以上两个阶级的奴役劳工，称为"希洛人"。因此，当我们谈论"斯巴达人"时，我们可能指的是"平等者"，也可能是"边民"或"希洛人"，甚至是其他一些出现在我们资料中的不太出名的斯巴达社会阶层。

对于现代读者来说，更令人困惑的是，我们所知道的"斯巴达人"最初其实不叫斯巴达人。我们如此称呼是因为他们来自斯巴达这座城市，而"斯巴达"这个词可能来自于希腊语动词 *speirô*，意思是"我播种"，因此斯巴达也被称为"适合播种的土地"（见图 2-1 和图 2-2）。斯巴达人自称为"斯巴达公民"（Spartiates），但外人通常称他们为"拉西代梦人"（Lacedaemonians）。这个名字可以追溯到青铜时代的古希腊"线形文字 B"（Linear B），其中提到了"拉西代梦"（*ra-keda-mi-ni-jo*），同时反映出一个事实，即斯巴达不仅仅是一个城市，而是希腊人所说的"城邦"（*polis*），由斯巴达城区及其周围 8500 平方公里的乡村组成。斯巴达城区又由五个村庄（*obê*）组成，其中四个村庄——皮塔纳（Pitana）、利姆奈（Limnai）、米索亚（Mesoa）和居诺苏拉（Cynosoura）——聚集在欧罗塔斯河（Eurotas river）附近的一个小型卫城周围；第五个村庄阿密克利（Amyclae）位于城区南部约五公里处的位置。如果这还不够混乱的话，斯巴达人控制的所有领土既不叫斯巴达，也不叫拉西代梦，而是叫"*Lakônikê gê*"，意思是"拉科尼亚的土地"。因此，斯巴达人在我们的资料中经常不是作为斯巴达人或拉西代梦人出现，而是作为"拉科尼亚人"被人所知。

图 2-1 古斯巴达地图

图 2-2 从斯巴达卫城俯瞰罗马时期的剧场

所谓的"平等者"

斯巴达公民被称为"平等者",这种地位只赋予那些接受过残酷斯巴达式教育的斯巴达人的儿子。为了保有其公民身份,所有 60 岁以下的斯巴达公民都必须在军队中服役。斯巴达公民还被要求每晚在公共食堂集体用餐,每月必须向食堂缴纳自己的一部分农作物收成及农产品,如大麦、葡萄酒、橄榄油、奶酪和猪肉。

我们后来获得的资料显示,古代斯巴达的立法者吕库古对斯巴达的领土进行了划分,使当时的 9000 名斯巴达公民每人都能得到面积相等、不可让渡的"份地"(klaros),从而确保所有斯巴达公民在财富方面能实现平等。据普鲁塔克记载,当吕库古在收获季节从国外回来时,他看到等量的谷物并排堆积在一起,便对旁人说:"最近整个拉科尼亚看上去像被众多兄弟平等分割过的一样。"据说吕库古的公共财产制度一直有效地运行了几个世纪,后来有一个自私的监察官埃庇塔丢斯（Epitadeus）为了惩罚自己的儿子而改变了律法，使他可以把自己的土地变卖给他人，从而剥夺了他儿子的土地继承权及其斯巴达公民地位。

但今天，许多学者对于每个斯巴达公民在出生时即被分配同等"份地"的故事表示怀疑，少部分人甚至怀疑吕库古是否真实存在过——一般认为他生活在公元前 10 世纪末或公元前 8 世纪末，批评者还指出，这种土地制度在管理上实际是极其困难的，毕竟每个公民都不会只有一个儿子来继承他的土地。除此之外，亚里士多德指出，在公元前 7 世纪，贫穷的斯巴达人曾积极要求重新分配土地，而且据说这发生在吕库古重新分配土地之后不久！因此，另一种情况似乎更有可能：不是吕库古，而是公元前 7 世纪斯巴达对美塞尼亚（Messenia）的征服使斯巴达的"平等"成为可能。事实与神话相互交叠、难以剥离。大约在公元前 8 世纪末的某个时候，斯巴达军队绕过泰格特斯山脉（Taygetus），占领了美塞尼亚肥沃的帕米苏斯山谷（Pamisus）。虽然遭遇了当地人的顽强抵抗，斯巴达人还是在公元前 650 年前后完全控制了美塞尼亚。美塞尼亚的土地被作为战利品在斯巴达公民之间分配，那些没有来得及逃亡的美塞尼亚人则沦为希洛奴隶被迫在土地上劳作。

这就是为什么与列奥尼达一起在温泉关作战的斯巴达人与其他希腊人不同：对希洛人的剥削使斯巴达公民完全无须工作，因而有时间整天锻炼身体，实际上形成一支由职业公民兵组成的常备军。色诺芬曾经说到，斯巴达公民唯一允许从事的工作是促进"城邦的自由"；一些后来的资料更是直截了当地指出，斯巴达公民完全被禁止从事任何体力劳动。然而，当时更可能的情况是，当斯巴达人制定有关公民身份的规则时（可能是在公元前 6 世纪），他们对财产资格设定了非常高的标准，因此有资格成为公民的斯巴达人都是无须为生计而工作的，这也使那些仅靠贸易赚钱的人被排除在公民阶层之外。

以"平等者"自居并且像尊贵的绅士一样着装，

使斯巴达人得以掩盖这所谓的"平等"之下存在巨大财富差距的事实。他们统一的外表实际上是较富裕和较贫穷的斯巴达人之间达成妥协的一部分。修昔底德声称,"斯巴达人是最早采用更简朴的服装风格的……在那里,富人采用了一种与穷人更加接近的生活方式"。后来的资料告诉我们,彩色染料被禁止用于非军事服装,理由是这是一种虚荣的表现,而且不允许斯巴达公民在外面攀比穿戴。但是,我们一般较多地关注斯巴达社会对富人适度着装的要求,却忽略了另一个事实,即较贫穷的斯巴达人反而被要求精心编织发辫,并且穿戴染色精致(尽管破旧)的军用披风。在斯巴达之外,"平等者"群体呈现出一种谦虚谨慎、不修边幅的富人的集体形象,就像今天贫穷乡绅穿的斜纹软呢外套——虽然破旧不堪,但却质地优良。

然而,这一切实际上都掩盖了斯巴达社会的不平等问题,它被比喻为一种"蔓延的癌症",并最终从内部将斯巴达摧毁。斯巴达公民的数量可能从未超过一万人，并且在公元前 5 世纪至前 4 世纪，他们的人数曾急剧下降，因为许多公民发现自己不再有能力缴纳大量的农产品，以维持他们在公共食堂中的资格。公元前 371 年，底比斯人在留克特拉战役（Battle of Leuctra）中击败斯巴达人，在事实上结束了斯巴达人的伟大地位，因为此时斯巴达的"平等者"只剩下一千多人了。难怪亚里士多德说，斯巴达的毁灭在于"人数不足"（*oliganthrôpia*）。

下 等 人

斯巴达社会的不平等可以从被称为"希波米安尼斯"（*hypomeiones*）或"下等人"（inferiors）的斯巴达亚阶层的崛起中看出。我们只知道一个下等人的名字，这个人叫塞纳冬（Cinadon），他对自己的下等人身份非常不满，于是在公元前 399 年策划推翻斯巴达这个国家。塞纳冬被捕后被人问起策划这场阴谋的目的何在，他直截了当地回答道："我的目的就是在斯巴达不再低人一等。"色诺芬对塞纳冬的描述是

"身体强健，精神抖擞"，这意味着他在身体或精神素质方面不比任何人差。现代学者由此认为，像塞纳冬这样的人是因为贫穷而低人一等，并且由于无法为集体做出必要的贡献而被剥夺了正式公民身份。

"下等人"和另一个斯巴达亚阶层"养子"（mothakes）之间可能存在着一些联系。这些人作为"收养的兄弟"（syntrophoi）与斯巴达公民的儿子们一起接受公共教育。直到最近，大多数学者都认为"养子"是斯巴达公民与希洛妇女的私生子，这样一来就把"养子"与斯巴达人的另一个亚类"私生子"（nothoi）混为一谈。如今人们在这个问题上有了越来越多的共识，即认为"养子"实际上是"下等人"的儿子，他们在富裕的斯巴达人的资助下接受公共教育。这种解释认为斯巴达人建立了一个"安全网"，允许被剥夺权利的儿子通过私人赞助重新获得他们在"平等者"阶层中的地位。公元前 5 世纪的三位著名的斯巴达将军——吕山德（Lysander）、吉利普斯（Gylippus）和卡利克拉提达斯（Callicratidas）——据说起初都属于

"养子"阶层。

"颤抖者"

　　我们现有的资料中还提到了"颤抖者",即在战斗中表现怯懦的斯巴达公民。资料显示,"颤抖者"受到了其他斯巴达公民的蔑视。他们被迫剃掉一半的胡须,并穿上打满补丁的披风,大概是为了让他们看起来滑稽可笑,并且也方便辨认。据色诺芬记载,没有一个斯巴达公民会选择"颤抖者"作为女婿或岳父,所有斯巴达公民甚至都会因自己的群体或摔跤伙伴中有一个"颤抖者"而感到"羞耻"。"颤抖者"在球赛中永远是最后才被挑选,在合唱团中被安排到"侮辱性"的位置,并被迫屈服于年轻男子——这是对斯巴达规范的惊人颠覆,因为斯巴达的年轻男子总是要让位于他们的长辈。色诺芬相当阴暗地宣称,"当这种耻辱被强加给这些懦夫时,我不知道死亡是否比这种不光彩和羞耻的生活更加可取"。我们已经知道了"懦夫阿里斯托德穆斯"的故事,事实上,他是唯一证实被贴上可怕的"颤抖者"标签的斯巴达公民，他最终在普拉提亚战役中抓住机会冲出队伍，在一片光辉中结束了自己的生命。

但一些现代学者已经开始质疑斯巴达的"懦夫"是否真的受到过这种惩罚。毕竟，希罗多德并没有说阿里斯托德穆斯要被迫剃掉一半胡子或穿上带补丁的披风。其他被指控在战斗中表现怯懦的斯巴达人被正式放逐或判处死刑，有些懦夫则完全逃脱了惩罚。公元前 425 年，当 120 名斯巴达公民在斯法克蒂里亚（Sphacteria）向雅典人投降时，斯巴达人只是简单斥责他们的行为"不光彩"，随即又撤销了这一指控，因为其中许多人是地位显赫的公民。后来，到公元前 371 年，当几百名斯巴达人在留克特拉战场上惊慌失措地逃跑时，当时的斯巴达国王阿格西劳斯（Agesilaus）竟然拒绝贬斥他们，并且说"我们的法律从明天起生效"。但对这些看似反常的案例进行过分解读是存在陷阱的，因为这很可能是证明斯巴达懦夫规则的例外情况。

边 民

在公元前 8 世纪之前的某个时候，斯巴达人获得了生活在他们周围的拉科尼亚各个社区的效忠与服从，这些人后来被称为"边民"。虽然边民在种族和语言上都与斯巴达人没有区别，并与他们共享"拉西代梦人"的称号，但在社会地位上却从属于斯巴达人。边民可以自由地与外部世界进行贸易，但他们对外交政策没有控制权，并被要求毫无条件地跟随"平等者"参加战争。由于这个原因，一些学者将边民归类为斯巴达的"二等公民"。

斯巴达人和边民之间的关系有些不寻常。即使面积只有拉科尼亚一小部分的地区，通常也由几十个城邦组成，这些城邦要么彼此完全独立，要么在形式上组成一个联邦联盟（federal league）。但边民既不是完全独立的城邦公民，也无法在联盟中与斯巴达人达到平等地位。相反，他们似乎是斯巴达国家中处于从属地位的城邦的自由公民。这有助于解释为什么伊索克拉特声称，斯巴达人彻底奴役了边民的灵魂，就像他们彻底奴役了希洛人的身体一样。

我们不知道究竟有多少边民，有多少由边民组成的社区，甚至不能确定他们生活的社区是被称为"城邦"或"村庄"（komai），还是两者都有。后来的传说是，当吕库古给 9000 名斯巴达公民分配"份地"时，他还给边民分配了 30000 块份地，这说明当时边民的数量大大超过了斯巴达公民。现代学者通常认为，边民的地产约占拉科尼亚耕地的 30%。与斯巴达公民相比，边民的土地占有量很小，这并不反映其数量上的劣势，而是财富上的劣势。所有斯巴达公民都是地主阶级，而只有部分边民是富裕的地主。许多边民从事的经济活动是斯巴达公民不愿意做的：制造业、海外贸易（拉科尼亚的所有主要港口都由边民运营），以及矿产资源的开采。现存的斯巴达艺术可能都要归功于边民，例如著名的公元前 5 世纪大理石半身像（见图 2-3），虽然被错误地与列奥尼达联系在一起；而且众多著名的"拉西代梦"艺术家似乎都是边民而不是斯巴达公民，比如设计斯巴达雅典娜"黄铜宫"（Chalkioikos）华丽青铜装饰的吉第阿达斯（Gitiadas）。正因为如此，一些艺术史学家甚至建议将"斯巴达"艺术改称"拉科尼亚"艺术。

图2-3　伪列奥尼达大理石半身像，公元前5世纪初，斯巴达考古博物馆

最近的一项调查研究表明，如果没有边民，斯巴达将"不过是一个普通的大国"。最富有的边民在一

个"方阵"中往往作为重甲步兵与平等者并肩战斗，极大地充实了斯巴达的军队力量。薛西斯在温泉关击败 300 名斯巴达人后，被流放的斯巴达国王戴玛拉托斯警告称，薛西斯很快不仅会遭遇成千上万像列奥尼达及其 300 勇士那样的斯巴达公民，还将面对成千上万生活在他们周围的人，这一定是指边民。戴玛拉托斯用 "*kaloi k'agathoi*" 来形容他们，字面意思是"优良的"，隐含意思是"绅士"。戴玛拉托斯的预言成真了，因为在第二年夏天，列奥尼达的侄子帕萨尼亚斯就率领 5000 名斯巴达公民和 5000 名边民，在 3 万希腊盟军的支持下，在普拉提亚战役中一举战胜了波斯人。

斯巴达公民的数量在公元前 5 世纪迅速减少，斯巴达人开始更多地依赖边民的军事贡献。公元前 418 年的门丁尼亚战役（Battle of Mantinea）中——据修昔底德说是自普拉提亚战役以来希腊规模最大的一场陆地战——边民和平等者之间的比例大约是 6：4，而到了公元前 371 年斯巴达在留克特拉战役遭遇灾难性失败时，这一比例已经变成 7 : 3。许多现代专家认为，随着斯巴达人对边民的依赖程度逐渐增加，他们开始允许边民与他们在同一小队中作战。当时的情况很可能是这样的：边民在战斗中同样穿着红色衣服，否则敌人很容易就能看出他们与斯巴达公民之间的区别。一个例外情况是斯奎提斯人（*skiritai*），他们住在斯巴达北部的村庄，作用是作为先头部队参加战斗。拉西代梦人身份的重要性还可以从以下事实中看出：斯巴达人一般会指派被称为"外国人领袖"（*xenagoi*）的官员去召集战斗盟友，而他们似乎会专门派出斯巴达正规军来召集边民。

　　一些学者认为，在斯巴达军队中服役的边民一定也接受了一些严酷的斯巴达式教育。我们知道，有时候异国的男孩也会接受斯巴达教育，斯巴达人称他们为"养兄弟"（*trophimoi*）。据记载，接受过斯巴达教育的著名外国人包括色诺芬的儿子格里卢斯（Gryllus）和狄奥多罗斯，以及公元前 4 世纪雅典臭名昭著的将军福基翁（Phocion）的那个败家子福科斯（Phocus）——

他和斯巴达人一样，即使在战斗时也不穿鞋子。斯巴达人希望与他们一起作战的边民至少能显示出一点他们作为"养兄弟"所接受的严格教育，这并不难理解：否则他们怎么会相信这些人会在"誓师团"中与自己并肩作战呢？

希 洛 人

斯巴达社会阶梯的最底层是由"希洛人"构成的奴隶人口，正是他们的劳动成就了斯巴达公民"绅士＋战士"的生活方式。斯巴达公民极度依赖希洛人的奴隶劳动，一位现代学者不久前甚至把他们称为斯巴达社会的"消化道"。但如果把斯巴达人看作"寄生虫"可能更加准确，因为他们以希洛人的劳动为生；希洛人的数量远远超过他们的斯巴达主人，这一比例甚至能达到 10∶1。斯巴达人和希洛人对彼此的恐惧可能解释了为什么斯巴达人如此严厉地对待希洛人——普鲁塔克描述斯巴达人对希洛人"冷酷无情"，以及为什么希洛人如此憎恨他们的主人——色诺芬记载说他们"甚至愿意生食其主"。

　　希腊的奴隶通常是从奴隶贩子那里买来的异族外国俘虏，而希洛人据说是被斯巴达人奴役的拉科尼亚和美塞尼亚的原希腊居民的后代。这一神话传说使斯巴达人成为一个好坏参半的奇怪的混合体：来自希腊中部的"多利安"（Dorian）外来者将原住民"亚加亚人"（Achaeans）从拉科尼亚赶走，但这样做是为了帮助伟大英雄赫拉克勒斯（Heracles）——也许"大力神"（Hercules）这个名字更为人所知——的曾孙们夺回他们失去的祖先家园。在赫拉克勒斯的后裔中，忒墨诺斯（Temenos）成为阿尔戈斯国王，克瑞斯丰忒斯（Cresphontes）得到了美塞尼亚，而列奥尼达的祖先阿里斯托玛科斯（Aristomachus）则获得了斯巴达的王位。这一传说由来已久，至少可以追溯至现存的公元前7世纪提尔泰奥斯的诗歌片段，他在诗歌中谈到斯巴达人带着赫拉克勒斯的后裔离开多利安的中心地带"伊瑞纽斯"（Erineus），前往伯罗奔尼撒。

　　但是，当斯巴达人在美塞尼亚与其他多利安入侵者反目成仇，夺取他们的农田并奴役他们的战败同胞时，他们就成了这一传说中的恶棍。斯巴达人被美塞尼亚的肥沃土地所吸引，提尔泰奥斯称其为"好耕耘、好播种"。征服美塞尼亚在人们的印象中是一次漫长而血腥的行动，提尔泰奥斯明确记载，这次征服花了19年时间才完成。几十年后，美塞尼亚人发动了一场血腥的叛乱，似乎给斯巴达人带来了沉重的打击。但斯巴达人最终镇压了美塞尼亚人的抵抗，据说是受到提尔泰奥斯为鼓励他们英勇作战而创作的战争颂歌的鼓舞。斯巴达人为胜利也付出了惨痛的代价。提尔泰奥斯描述美塞尼亚人"就像在巨大负荷下的疲惫不堪的驴子，在巨大的需求下将其耕地所产果实的一半献给他们的主人"。

今天，我们倾向于将"多利安入侵"的故事看作是一个合理化的神话，古典学家和考古学家现在更倾向于谈论多利安的"种族生成"（ethnogenesis，字面意思是一个族群的诞生），即随着时间的推移，斯巴达人和大多数其他伯罗奔尼撒人（包括美塞尼亚人）

形成了同质的区域物质文化和身份。但从我们的角度来看，这并不能使斯巴达人对希洛人的残暴剥削变得合理化。

"新代梦人"

一些希洛人能够获得有条件的自由，通常是以到斯巴达军队中服役作为交换条件。这些获得自由的人同时获得了"新代梦人"（neodamodeis）的称号，意思是"具有新公民身份的人"。但这种翻译掩盖了他们的真实身份，因为他们并没有成为斯巴达公民，甚至也没有成为边民，而是成了仍然在很大程度上受制于斯巴达人的自由人。

修昔底德的记载中第一次提到"新代梦人"：公元前420年前后，一些曾在斯巴达将军伯拉西达（Brasidas）手下作战的前希洛人——即所谓的伯拉西达人（Brasideioi）——与他们一起定居在斯巴达与埃利斯（Elis）的边界地带。遗憾的是，修昔底德没有对这一点进行解释，而是直接将"新代梦人"这个词丢进了他的叙述中，好像我们已经知道这些新获得权利的人是谁一样。现代学者通常认为，修昔底德的记载表明，这些生活在边境上的自由人的职责之一是抓捕逃跑的希洛人，并确保他们被送回自己的庄园，这可能使这些自由人在他们以前的奴隶同伴眼中像通敌者。

斯巴达政府

大多数古希腊国家都采用民主政体（如雅典），或寡头政治（oligarchy），即"少数人的统治"［如科林斯（Corinth）］，或者君主专制，即由一位独裁者——国王［如马其顿（Macedon）］或"暴君"［如西西里的锡拉库萨（Syracuse in Sicily）］统治。但斯巴达采取一种被古希腊评论家称为"混合式"的体制，其融合了王权、寡头和民主政治。当希罗多德在公元前 5 世纪中期访问斯巴达时，斯巴达人告诉他，他们一直是所有希腊人中"最无法无天的人"（kakonomôtatoi），直到几个世纪前，吕库古改革为整个斯巴达的生活方式奠定了基础，包括国家法律、军事机构和公共餐饮准则。据称，吕库古甚至前往德尔斐神庙（Oracle of Delphi），请阿波罗认可他的改革安排。今天，我们把吕库古的改革成果称为《大公约》(The Great Rhetra)，"*rhetra*"字面意思是"格言或公告"，在斯巴达语中是"法令"的意思。根据普鲁塔克的记载，《大公约》规定将斯巴达人分成若干"部落"(*obai*)，建立一个由30位长老组成的理事会，定期举行公民大会，强调"权力属于人民"。直到修昔底德在公元前5世纪末进行记录时，人们通常认为吕库古的改革给斯巴达带来了长达几个世纪的和谐，并保护斯巴达人免受公元前6世纪几乎所有其他希腊城邦所遭受的内乱之苦。

然而，如前所述，吕库古的事迹几乎可以肯定是个神话，因为我们现存最早的有关斯巴达的资料（如提尔泰奥斯和阿尔克曼的作品）中都没有提到过他。尽管如此，后世的斯巴达人还是相信吕库古制定了斯巴达的所有规则，而且随着吕库古神话的广泛传播，他们甚至可能编造了《大公约》来使这个故事合法化。如今，大多数学者认为，斯巴达的宪法是一个更加缓慢的演变进程的产物，后世归功于吕库古的斯巴达"简朴的"（austere）生活方式，其实是在温泉关战役之前的几十年才真正形成的。

与其他大多数希腊国家不同，斯巴达设有国王。更不寻常的是，斯巴达不是一个君主制国家，而是一个双王制国家，即有来自两个不同王室——阿基亚德家族（Agiads）和欧里庞提德家族（Eurypontids）——的两个国王共同统治国家。因此，任何只通过温泉关战役去了解斯巴达的人都不可能认识列奥尼达的共治国王列乌杜奇戴斯（Leotychides），他在公元前479年的密卡尔战役（Battle of Mycale）中带领希腊人战胜了薛西斯的军队。斯巴达人声称，这种独特的政体可以追溯到公元前11世纪，当时他们的第一任国王阿里斯托玛科斯在妻子生下双胞胎儿子欧律斯忒涅斯（Eurysthenes）和普洛克勒斯（Procles）之前就已经去世了。斯巴达人不知道哪个男孩应该是他们合法的国王，因为他们的母亲拒绝透露哪个是长子，所以斯巴达人便把两个孩子都立为王。这个故事尽管听起来很美好，但这种独特安排背后的真相我们可能永远无从得知。

在电影《斯巴达300勇士》（2006年）中，列奥尼达将薛西斯的使者踢入深井而单方面发动了对波斯的战争。然而实际情况是，斯巴达的国王并不是绝对的君主，他们的主要角色是军事指挥官，同时也是宙斯的祭司，以及德尔斐神谕的守护者。列奥尼达同父异母的兄弟克列奥麦涅斯（Cleomenes）非常重视神谕守护者这一角色，他甚至从雅典卫城偷取了记录神谕的卷轴。斯巴达国王不能单独宣战，甚至不能自行召集军队，而是由选举产生的行政长官（又称监察官）代为实施，国王出征时也必须由两名监察官陪同并监督。斯巴达国王可以被罚款、流放和废黜，他们必须每月宣誓按照国家法律进行统治。与此同时，监察官则宣誓称，只要国王遵守誓言，他们将"保持王权不动摇"。这种每月一次的交换誓言突显出斯巴达国王的地位实际上总是摇摇欲坠。

斯巴达的政权形式类似于寡头政治，因为斯巴达有一个小型统治委员会，即长老会（*gerousia*）。长老会由 30 人组成，其中 60 岁以上的有 28 人（终身制），再加上两个国王（不论其年龄大小）。列奥尼达参加温泉关战役时大约 60 岁，因此，当他成为"长老"（the Elders）时也许还算不上一个真正的"老人"。"长老"的选举过程相当滑稽，亚里士多德甚至评论其"幼稚可笑"：一个斯巴达公民被锁在一个房间里，给他一块写字板，然后把候选人逐一带出来，这个人将写下得到最热烈掌声的候选人的编号。据希罗多德记载，如果国王没有参加长老会的决策投票，他们在长老会任职的最近的亲属（即其他王室成员）可以代表缺席的国王以及他们自己投票。这使得一些现代学者认为，长老会往往被最富有的斯巴达家族所操控。

斯巴达也可以被看作一个民主国家，因为斯巴达有一个公民大会（*ekklêsia*），对长老会提出的法案进行投票，这个过程被称为"初步审议"（*probouleusis*）。但斯巴达公民在公民大会中不能讨论或修改法案；大会的作用实际上是为长老会已经做出的决定盖上橡皮图章。普鲁塔克说，出现这种安排是因为斯巴达公民曾经在决策过程中发挥了过于积极的作用，"扭曲"了长老会提出的决议。因此，斯巴达宪法中加入了一项直截了当的修正案："如果人民的选择不恰当，国王和长老们就应该将其搁置一边。"与投票选举长老一样"可笑"的是，斯巴达公民在大会上通过喊话进行表决，这类决定的准确性显然难以评估：当斯巴达人在公元前432年就是否对雅典开战进行投票时，监察官斯森涅莱达斯（Sthenelaidas）命令斯巴达公民分成赞成和反对两组，以便准确计算他们的票数。然而，斯森涅莱达斯更有可能试图恐吓斯巴达公民做出"正确的"决定。

斯巴达的另一个民主因素是每年选举出五名监察官，他们的工作是"监督"斯巴达人的行为，确保他们遵守法律。每年年初，监察官都会向希洛人宣战，并宣布斯巴达公民应该剃掉胡子（见图 2-3，没有胡子的伪列奥尼达半身像）。雅典的喜剧演员经常将斯巴达人塑造成上唇胡须丰厚的形象，由此可见，斯巴达人似乎经常藐视剃须这一法律，需要每年提醒才能遵守。监察官应该来自广泛的社会阶层，因为亚里士多德曾抱怨说监察官经常腐败，因为他们出身贫困。每年有五名斯巴达公民担任监察官，而且重复任职显然是不合法的，因此大多数斯巴达公民在其一生中都可能担任过监察官，特别是随着公民人数的减少，可以来"监督"斯巴达生活方式的斯巴达人也越来越少。

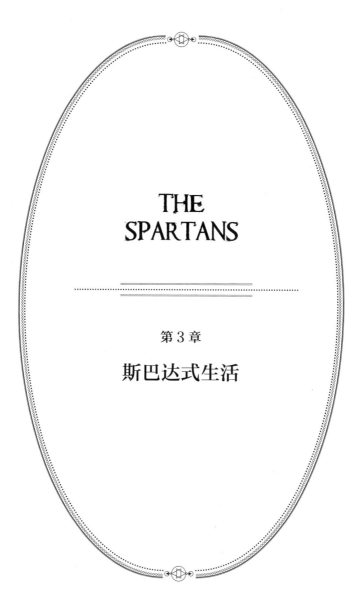

THE
SPARTANS

第 3 章

斯巴达式生活

斯巴达式生活是出了名的艰苦，今天我们把"斯巴达"这个词作为简单、朴素或艰苦的代名词。为了说明斯巴达当时的朴素风格，修昔底德曾写道："如果斯巴达人的城市被遗弃，将只剩下庙宇和建筑的地基。"后世之人拒绝相信斯巴达曾经那么强大，因为斯巴达竟然"没有奢华的庙宇或建筑"，只是一个村庄的集合体，完全不值一提。如今，任何看到古斯巴达简陋遗迹的人们都会认同这一观点！

斯巴达人的生活方式体现出明显的男性气息，并且具有相当的公共性特征。斯巴达人白天一起训练或打猎，晚上一起吃饭，斯巴达的年轻人（大部分20至30岁）每晚还会在营房中一起睡觉。斯巴达人的集体生活方式从一方面解释了他们为什么拒绝建造防御工事。在已知的 1300 个希腊城邦中，约 526 个建有城墙，只有包括斯巴达在内的 4 个城邦明确已知没有建造城墙。只有当斯巴达明显地势单力薄、无法依靠人力保卫自己时，他们才在市中心修建了城墙，我们今天可以看到城墙的小部分遗迹。斯巴达人通常轻蔑地认为城墙只适合保卫女人，有句斯巴达谚语这样说：斯巴达人长矛的尖端就是斯巴达的边界。公元前 4 世纪，国王阿格西劳斯被一个外国人问及为什么斯巴达缺乏防御工事，国王指着武装起来的斯巴达人骄傲地回答说："这就是斯巴达的城墙。"

斯巴达式"苦行"生活

现代评论家经常使用"苦行"一词来描述斯巴达人的生活方式，因为众所周知，他们崇尚严酷的苦行生活，尽量避免奢华。斯巴达人的饮食非常节俭，一名来自位于意大利南部、爱好奢华的希腊城市锡巴里斯（Sybaris）的游客品尝过斯巴达食物后表示，他不再认为斯巴达人是真正的勇士，因为"任何头脑正常的人都宁愿死上一万次也不愿过这种贫苦生活"。普鲁塔克称赞国王阿格西劳斯的房门非常古老和朴素，可能是赫拉克勒斯的后裔刚到斯巴达时装置的。普鲁塔克还记载，当阿格西劳斯在爱奥尼亚（Ionia）看到矩形的木质屋梁时，他讽刺地问那里的树木是否长成长方形，显然这说明斯巴达的屋梁都是采用未经加工的原木。据说，吕库古甚至完全禁止使用金银货币，而要求斯巴达人使用一种笨重的铁质货币，重约 0.6 公斤，形状像祭祀用的蛋糕或铁制的烤盘。这种货币在斯巴达之外一文不值，作为基础金属也毫无用处，因为烧红的铁在醋中淬火后变得脆弱不堪，而且无法囤积，一车大约 1000 公斤的铁才相当于 4.3 公斤银的价值。斯巴达人拥有迄今为止希腊国家中没有铸造金币或银币的最大的经济体，他们使用铁质货币也许与拉科尼亚边民社区周边拥有的丰富高品质铁矿石不无关系。

但是，斯巴达人苦行僧般的生活方式并不像看上去那么简单。尽管普鲁塔克声称在斯巴达"奢华已经萎缩"，但昔日的繁华依然有迹可循，有些甚至显而易见。比如斯巴达著名的马术文化——像今天一样，在古希腊饲养赛马也是富人的专利。从公元前10世纪到前4世纪，斯巴达人也是装饰艺术的常客，尤其钟爱祭祀相关的装饰艺术品。在斯巴达的多处圣殿发现了大量的黑釉和红釉陶瓷，高品质的青铜器、镜子、雕像，以及铅制雕刻工艺品（见图3-1），其中最引人注目的是欧罗塔斯河岸附近的阿尔忒弥斯·奥尔提亚圣殿（the sanctuary of Artemis Orthia）、斯巴达卫城上的雅典娜黄铜宫神庙、所谓的墨涅拉俄斯神庙以及阿密克利的阿波罗神殿。在斯巴达还有更为微妙的财富痕迹。据色诺芬记载，"富有的"斯巴达公民有时会向公共食堂缴纳小麦面包，只有那些拥有足够多土地的斯巴达人才有可能种植这种"奢侈"的作物，因为其种植的失败率是1/4，而大麦的失败率仅为1/20。色诺芬还注意到，如果斯巴达公民需要的话，法律允许他们借用希洛人或猎狗（只要他们邀请猎狗的主人）参加狩猎，这表明有些公民比其他人拥有更多的狗和奴隶。

图 3-1 来自阿尔忒弥斯·奥尔提亚圣殿的古希腊时期的铅制雕像

　　但关于斯巴达"苦行"生活方式的最大骗局是吕库古所谓的禁止贵金属货币的做法。即便吕库古真的存在，他也不可能禁止金银货币，因为据说他生活的年代比希腊使用金银货币的年代要早 2 ～ 4 个世纪！许多现代专家认为，斯巴达对贵金属货币的正式禁令只在公元前 5 世纪末短暂存在，因为他们在伯罗奔尼撒战争中战胜雅典后大量银币涌入斯巴达。在那之前，斯巴达可能不是禁止金银货币，而是禁止金银货币的流通。富裕的斯巴达人可能拥有相当多的黄金和白银，只是他们不能在斯巴达内部消费使用。

斯巴达的苦行生活可能更多是为了实现统一性和一致性，而不是经济上的制约，这是一种富人和穷人之间达成的妥协。这种生活方式描绘了一幅图景：斯巴达公民全部都是单纯的士兵，过着简朴的生活，杜绝奢侈享受，而且几个世纪以来一直如此。他们甚至使一向谨慎的修昔底德信服，他们的宪政体制为国家带来了长达4个世纪的安定。一代又一代的现代评论家也接受了这个说法。但实际情况很可能与此相悖：最新的学术研究将斯巴达严酷的"吕库古式"政权的开始时间追溯至公元前6世纪中期甚至晚期，仅比列奥尼达及其部下在温泉关作战要早一代人的时间。即使在那时，斯巴达的苦行生活更多的是关于财富的展示而不是获取。据普鲁塔克记载，斯巴达公民可以把财富藏在自己家中，其他各种资料也表明，斯巴达公民家里的事情不容外人干涉。这在很大程度上削弱了普鲁塔克对阿格西劳斯朴素房门的赞美，因为阿格西劳斯可能是有史以来最奢侈的斯巴达人，只不过所有奢华的东西都被挡在房门后面罢了!

军事化社会?

我们现存的许多原始资料都将斯巴达描述为一个高度军事化的社会。伊索克拉底就曾公然宣称,斯巴达"就像一个管理严格、等级分明的大型军营"。但一些专家已经开始严重质疑对斯巴达军事化社会的描述,并且提供了充分的理由:"平等者"每天大部分时间不是在进行重甲步兵操练,而是进行一系列休闲活动,如体操、球赛、狩猎,以及与其他公民一起闲逛。事实上,我们没有关于斯巴达人军事演练的任何明确记载。

然而,我们需要注意的是,认为斯巴达社会不以军事为导向的观点也并非不容置疑。事实上,最近一项研究表明,"斯巴达在军事方面举世公认的强大力量是我们对其历史最确定的一个方面"。虽然斯巴达人花了很多时间从事对希腊其他城邦的富人来说再"正常"不过的活动,但他们的大部分休闲生活——特别是田径和狩猎——其实有助于为战斗做准备。这使斯巴达人在军事上具有相当大的优势，因为其他希腊城邦的富人只占其战斗人口的一小部分，而每一个斯巴达重甲步兵在日常都是颇有闲情逸致的绅士，可以全身心地投入此类体育活动中。

体操运动使斯巴达人保持健康、强壮和敏捷，可以随时投入战斗，于是便有了列奥尼达的将士们在温泉关战役前赤身裸体进行操练的生动一幕。斯巴达尤其擅长一种"皮洛士"式（pyrrhichê）的战斗舞蹈，柏拉图描述这种身穿重装盔甲的舞蹈包含了转弯、躲避、跳跃、下蹲以及进攻等一系列模拟战斗的动作。斯巴达的球类运动是出了名的残酷血腥，而古希腊的"体操"类竞赛不仅包括短跑、跳跃和投掷等常规运动项目，还包括模拟重甲步兵的战斗（hoplomachia）以及全副武装的竞走项目，二者都具有明显的军事用途。在斯巴达，体育能力和军事服务之间的明确联系可以从以下事实中略见一斑：斯巴达的奥林匹克冠军被赋予与国王在前线并肩作战的荣誉，而我们所掌握的零星证据也表明，公元前 7 世纪至前 6 世纪斯巴达人在奥林匹克体育竞赛中的鼎盛时期正是其领土极度扩张最辉煌的时期。

狩猎对于培养斯巴达男孩和成年男子使用刀刃武器进行杀戮大有助益，而斯巴达社会普遍的公有制意识则有助于提升彼此之间的信任度——这在重甲步兵方阵中是至关重要的品质，因为站在你身边的人很可能决定你的生死。斯巴达的共餐制度和军事管理之间可能也存在关联，许多现代学者认为，两三个共餐小组共同组成了斯巴达军队中的最小单位——即所谓的"誓师团"。因此，一起用餐的斯巴达人会发誓彼此并肩作战，直至死亡。色诺芬提供的资料也值得注意，他说斯巴达人"能够轻易完成操练教官认为极其困难的动作"，这肯定意味着他们日常练习并熟练掌握了这些动作。最近还有一个说法很有意思，那就是斯巴达人可能故意营造一种他们没有进行军事操练的假象，由此形成一种不可战胜的无敌光环。

斯巴达公民作为士兵的主要使命还表现在，只有那些在战斗中死亡的人才能获得纪念碑。我们已经发现大约 24 块小型的、没有任何装饰的碑文，上面仅刻有死者姓名和"战斗中"（*en polemôi*）的字样。与其他希腊人通常将战死者送返回乡不同，斯巴达人将战死的同胞埋葬在他们倒下战场附近的公墓（*polyandrion*），随葬的只有他们战斗时的红披风和橄榄叶。考古学家幸运地在凯拉米克斯遗址（Kerameikos）中发现了一个类似的斯巴达人公墓，时间可以追溯至公元前 403 年。这座坟墓宽约 12.4 米，内有 24 具男性骸骨，他们全都头朝东方、平仰而卧，显然在埋葬时被布料紧紧包裹。这也许可以证实普鲁塔克的观点：在战斗中倒下的斯巴达人被裹在自己的红色披风里安葬。同时发现的还有一处碑文，记录了两名高级军官卡隆（Chaeron）和提布拉切斯（Thibrachus）的姓名，据色诺芬称，二人被杀并埋葬在雅典。对斯巴达人来说，像他们这样在异乡下葬是值得骄傲的事。曾经有一位阿尔戈斯公民试图嘲笑斯巴达人，因为当时有许多斯巴达人被埋葬在阿尔戈斯领土上。斯巴达人于是反驳道，竟然没有阿尔戈斯人埋葬在斯巴达的领土上，其含义很明确：斯巴达人经常侵入阿尔戈斯，但阿尔戈斯从未入侵过斯巴达。

据普鲁塔克记载，希腊人一般是将死者埋在城墙外（即城外埋葬），而斯巴达人的独特之处在于他们将死者埋在城墙内，不过在战斗中死亡的人除外。普鲁塔克声称，斯巴达人的这一做法消除了对死亡的"迷信与恐惧"，以确保年轻人不会惧怕在战斗中死亡。在斯巴达城内发现的大量墓葬似乎证实了这一说法。但最新的考古分析显示，斯巴达人的丧葬习俗并不像普鲁塔克所说的那样独特。实际上，在整个古风时期、古典时期、希腊化时期和罗马时期，斯巴达人都将一些死者埋葬在城外，阿尔戈斯在同一时期也实行了相同的城外、城内混合埋葬方式。虽然斯巴达城内及其周边地区的一些墓穴比较精致，但没有发现识别死者身份的石碑，这似乎与普鲁塔克的证词相符。

共餐制度

每天晚上，斯巴达人都会在专门的公共食堂

中分组用餐，这种食堂可能位于通往叙阿琴提亚（Hyacinthian）的路上，这是斯巴达和阿密克利之间的主要通道。公共食堂最初被称为"男人俱乐部"（andreia），后来改称为"友谊俱乐部"（philitia）或"节俭俱乐部"（pheiditia），分组用餐旨在使斯巴达公民更加平等，因为每位公民每月需要贡献等量的口粮，包括大麦、奶酪、无花果、橄榄油和自己庄园里出产的葡萄酒。亚里士多德赞扬了这种全民参与制度中的"民主"因素，但同时批评斯巴达的这一做法与克里特岛（Crete）的同类"餐饮俱乐部"相比不够公平，因为后者是由公共资金和成员缴纳什一税资助的。

基提翁的珀耳塞斯（Persaeus of Citium，公元前307～前243年）描绘了一些斯巴达公民斜倚在共用餐椅上就餐的情景（见图3-2），但指出还有人坐在"折叠凳"（skimpodion）上。七张餐椅是希腊"朴素"餐厅的标准配置，有人认为每个斯巴达公共食堂都由十四个人成对地斜靠在七张餐椅上，外加一个人（可能是最年轻的）坐在折叠凳子上。这种共餐制耗资不菲，需要数以百计的共餐食堂，数以千计的餐椅和餐凳，以及无数的餐具。但即便如此，斯巴达人也表现出了其标志性的节俭风格，特意选择了陶制的而不是贵重的金属盘子和酒杯。

图 3-2　斜倚的宴客青铜俑，约公元前 530～前 500 年，大英博物馆

没有一个斯巴达公民可以免于这种公共体验。五位监察官似乎都有自己的食堂，为了保持平等，甚至斯巴达国王也有特殊的皇家食堂，每个国王都挑选两个人陪同就餐，他们被称为"皮提亚"(Pythians)。国王可以有双份食物，以便他们招待客人。斯巴达国王有

时可以在自己家中吃饭或待客，但并不总是如此。公元前 418 年，在带领斯巴达人在门丁尼亚战役中夺取胜利后，阿吉斯（Agis）要求把他的饭菜送到家里，以便与妻子一同用餐。但是监察官们拒绝了他的这一特殊要求，显然是想让他们凯旋的国王脚踏实地，不要沾沾自喜。第二天，阿吉斯一气之下拒绝按照惯例举行国祭，于是，监察官们以失职为由对他进行了罚款。

普鲁塔克指出，在公共食堂就餐的新成员都要经过筛选，由现有成员通过无记名投票的方式进行表决。表决必须经过全体成员一致同意，确保斯巴达公民都能"在彼此的陪伴中感到快乐"。考虑到斯巴达社会的贫富差距，似乎有些食堂比其他食堂更具有排他性，而且对于贫穷的斯巴达人来说，显然有些食堂——如同现代的社交俱乐部和兄弟会一样——并不适合他们。

据色诺芬记载，吕库古制定了一系列规则，确保公共食堂能够提供充足的食物，防止人们吃得过多或者过少。据说，曾经有一位叫诺克雷德斯（Naucleides）的人因为变胖被监察官处以罚款。但是斯巴达的食物可是出了名的糟糕，当地广泛流传着这样一句话：只有那些在欧罗塔斯河里洗澡的人（即斯巴达本地人）才吃得下这些食物。斯巴达人的主食之一是大麦片，这对许多非斯巴达人来说简直难以下咽，因此多为奴隶食用。斯巴达人日常饮食中有一道主食（aiklon）是未经烘焙的大麦汉堡。难怪赫拉克勒斯·兰博斯（Heracleides Lembos，公元前 2 世纪）声称"斯巴达人都不会烘焙，因为他们不吃小麦，而是吃大麦"。除此之外，还有大名鼎鼎的斯巴达黑汤，又称"血汤"（haimata）或"蘸酱"（bapha），由煮熟的猪肉、猪血、盐熬制而成。斯巴达的老年人更喜欢血汤而不是直接吃肉，也许因为随着年龄的增长，他们的牙齿逐渐磨损，所以血汤更易于咀嚼。斯巴达还有一道"饭后小菜"（epaiklon），但不是饭后甜点。事实上，阿格西劳斯曾经不屑一顾地将甜点"转送"给他的希洛奴隶，因为这种"奢侈品"只适合奴隶享用！饭后小菜实际上是另一道肉食，要么是狩猎而得的野味，要么是其他共餐会员提供的羊肉。管理者会大声喊出捐献者的名字，以便其他所有共餐者都能知晓他们的"勇猛和殷勤"。

斯巴达人在饮酒方面似乎非常节制。据色诺芬观察，斯巴达人在共餐中很少出现"酩酊大醉的情况"或做出"令人羞耻的言行"，而这些在希腊的饮酒聚会——即"会饮"（symposia）——上是再正常不过的了。克里底亚（Critias，约公元前 460 ～ 前 403 年）称赞每个斯巴达人都用自己的杯子饮酒，这种酒钵（kôthôn）有一个特殊的边缘可以过滤酒渣，也可以在军事行动中使用。斯巴达人不像其他希腊人那样，一边说着精心准备的祝酒词，一边用广口杯（见图 3-3）依次传递着喝酒。色诺芬称赞斯巴达人禁止"强制饮酒"，并指出，斯巴达人到了服兵役的年龄就必须注意适度饮酒，因为他们饮酒后必须在没有火把的情况下摸黑回家。后来流传着这样一个故事：一些来访的希俄斯岛人（Chians）喝醉后在共餐食堂的大厅里呕吐，于是监察官们展开了严格的调查，以确保没有斯巴达公民参与此事。在确定是希俄斯岛人的个人行为后，监察官发布了一份公告，宣称"斯巴达人准许希俄斯岛人如此肮脏"。

图 3-3　拉科尼亚黑彩陶酒杯，约公元前 550～前 540 年，柏林国家博物馆古董陈列室

然而，斯巴达人的饮食可能并不像看上去那么节制。根据现代学者的计算，斯巴达人为公共食堂缴纳的食物数量巨大，每天可以为每人提供大约 6429 卡路里的热量，与现代奥林匹克运动员在训练中所需的热量一样多，而这甚至还没有把"餐后小菜"计算在内。难怪色诺芬告诉我们，"斯巴达人的餐桌永远不会空"。对于如何处理这些明显过剩的食物存在多种

解释。一种可能是，国家将多余的食物提供给那些靠公共费用供养的人，即国王、皮提亚和监察官们。另一种解释是，斯巴达公共食堂的食物同时会供应给正在接受教育的男孩。还有一种说法是，剩余的食物被"重新分配"给希洛人及其家人。这样做不仅可以限制斯巴达公民获得的食物分量，还可以确保有更多的希洛人为他们工作。另一种未经充分探讨的可能是，斯巴达人每天的饮食中还有一餐，即所谓的"午餐"（midday meal），其经常被误译为"早餐"。现有资料显示，午餐并不是采取共餐形式，但仍有可能从斯巴达人每月向公共食堂缴纳的食物中进行分配。

斯巴达人每月向公共食堂捐赠葡萄酒的数量同样巨大，相当于我们今天每人每月消耗近 50 瓶葡萄酒。考虑到希腊人一般会将酒稀释后饮用，这将产生一个更加惊人的数字。因此，如果一个斯巴达人想大量喝酒的话，可能只有他的共餐同伴才能阻止他。过量饮酒的情况显然时有发生，因为斯巴达人甚至有一个专门的词来形容喝烈酒的人——"斯基泰之杯"（a

Scythian cup）。之所以这样命名是因为列奥尼达同父异母的兄弟克列奥麦涅斯从斯基泰驻斯巴达大使那里学会了喝纯酒的习惯。即便如此，共餐会员还是会尽力掩盖自己喝醉的轻率行为。据普鲁塔克记载，每天晚上，公共食堂里最资深的会员都会指着门提醒同伴们："一个字都不能从这里出去。"

虔诚之心

希罗多德称，斯巴达人对神灵无比虔诚，"神灵的事情一定优先于人类的事情"。像所有古希腊人一样，斯巴达人是多神论者，崇拜宙斯、波塞冬、阿波罗、雅典娜和阿尔忒弥斯等希腊神灵。斯巴达人似乎尤其崇拜阿波罗，每年有三个主要节日来纪念他：五六月份的叙阿琴提亚节（Hyacinthia）、七月的吉姆诺佩第节（Gymnopaidiai）和八月的卡尔涅亚祭。与斯巴达的其他事情一样，他们对神灵的崇拜自然也有其特殊之处：他们崇拜特洛伊的海伦（Helen of Troy，以前是斯巴达的王后）以及她分居的丈夫墨涅拉俄斯，还有立法者吕库古。此外，在斯巴达的故事版本里，所有的神灵都携带武器，甚至连爱神阿弗洛狄忒（Aphrodite）也解开她的"魔法腰带"，穿上了盔甲以"取悦"吕库古。其实这一切都不像人们传说中那样奇特，其他希腊人也崇拜自己本土的神灵。旅行作家帕萨尼亚斯就曾声称在科林斯和埃皮达鲁斯看到了阿弗洛狄忒的戎装雕像。

尽管如此，斯巴达人以极度虔诚而闻名于世，这在许多关于地震足以阻止斯巴达军队前进的故事中得到了证实，因为斯巴达人认为，地震是"撼地者"海神波塞冬不赞成他们军事行动的征兆。公元前464年前后，一场毁灭性的地震袭击了斯巴达，斯巴达人相信这是因为他们处决希洛人而亵渎了神灵，被处决的希洛人是在拉科尼亚塔伊那隆海角（Cape Taenarum）的海神庙寻求庇护的无助者。从此以后，斯巴达人在做出任何重大决定之前都要向神灵问卜。据说吕库古让阿波罗为斯巴达宪法"背书"，因此，斯巴达人在伯罗奔尼撒战争中对雅典人开战之前，首先要"征求"

阿波罗的意见并争取"获得"其支持，尽管他们坚信雅典人不诚实地破坏了双方签订的和平条约。据修昔底德记载，即使有阿波罗的明确支持，斯巴达人仍然认为战事不利是因为他们拒不接受雅典人的仲裁提议，而这正是他们当初指责雅典人违反和平誓约的条款之一。

希罗多德记载称，在斯巴达人不敬地杀死薛西斯的父亲大流士（Darius）派来的使臣后，他们便开始收到来自神灵的不祥预兆，因而感到极端恐慌。两名斯巴达人斯珀蒂亚斯（Sperthias）和布里斯（Bulis）响应监察官的号召，自愿牺牲自己来为族人亵渎神明的行为赎罪。斯珀蒂亚斯和布里斯一路来到苏萨（Susa）的薛西斯宫廷，在那里他们拒绝按照波斯宫廷礼仪向国王跪拜，引起了极大的不满。斯珀蒂亚斯和布里斯此举并非存心，因为他们认为对一个凡人跪拜是对神灵的大不敬。但薛西斯竟拒绝杀死他们，显然他正确地判断出，不把过度迷信的斯巴达人从他们的罪孽中解放出来将比杀死他们更加残忍。

在斯巴达的宗教节日里，斯巴达人难得可以一边祭祀一边纵情享乐。有一种特别的宴会称为"克里弗"（Cleaver 或 *kopis*）——以宴会上一种切肉刀命名——斯巴达人此时才有机会享用小麦面包、糕点等异域美食。在节日期间，他们似乎也不需要在食堂集体就餐，甚至可以自行招待外国客人。色诺芬曾称赞阿格西劳斯在节日期间还能节俭用餐，这恰恰说明其他斯巴达人在"非常时期"并没有表现出同样的节制。

叙阿琴提亚节最初是为了哀悼阿波罗死去的情人叙阿琴提斯（Hyacinthus），后来演变成一项热闹非凡的庆祝活动，其中包括了祭祀、宴会，甚至还有外国客人带来的娱乐表演。男孩们弹奏基萨拉琴（kithara）——一种里拉琴（Lyre）——并伴随着管乐唱歌，其他人骑马穿过剧场，还有人在合唱表演。每个人都能看到未婚女孩驾驶着精心装饰的马车竞赛的场面，此时所有人都争相奔向阿密克利，斯巴达顿时变成一座空城。另一个纪念阿波罗的节日是吉姆诺佩第节，以其盛大场景和典礼仪式而闻名于世。这个节日按字面应该翻译成"赤裸的年轻男孩"或"赤手空拳的舞者"的节日，其得名于由男孩和成年男子组成的裸体合唱团在盛夏进行的长达一天的艰苦比赛。斯巴达人显然沉浸在这个节日之中，据帕萨尼亚斯记载，"如果有一个节日是斯巴达人全心全意庆祝的，那非吉姆诺佩第节莫属"。这个斯巴达宗教节日的亮点之一是一场在三个年龄段的合唱团（*trichoria*，字面意思是"三个合唱团"）之间进行的比赛：老年组首先唱道，"我们曾经是年轻的勇士"；青壮年组接着唱道，"但我们现在就是勇士，我们甘愿接受考验"；少年组最后唱道，"但我们将会更加强大"。甚至连跛足国王阿格西劳斯也参加了这样的合唱，但他显然被安排在合唱团后部，这样就没人能清楚地看到他身体的缺陷。

显然，音乐和舞蹈是斯巴达宗教活动的重要组成部分，普里欧斯（Phlius）的戏剧家帕拉提那斯（Pratinas，约公元前 500 年）就曾写到"斯巴达的蝉都渴望合唱"，但斯巴达人却向来热衷于贬低音乐的功能。亚里士多德曾批评斯巴达人看不起学习乐器，将其蔑称为一种奴性的盲从行为。据说，流亡国王戴玛拉托斯在听完一位专业竖琴师的演奏后说："虽然这对我来说很愚蠢，但不得不说他弹得非常好。"这表明斯巴达人对专业音乐的鄙视，戴玛拉托斯的评论并不是说演奏音乐对斯巴达人来说根本不重要，而是说学习音乐完全是在浪费时间。

傲慢与排外

斯巴达人似乎对外人对他们苦行生活方式所造成的威胁感到特别不安。柏拉图告诉我们，斯巴达不允许年轻人出国旅行，"以免他们忘记在国内所学的东西"；而伊索克拉底指出，这种对行动的限制其实是针对所有适合服兵役的斯巴达成年人（即 20 ～ 60 岁的男子）。斯巴达人还经常将外国人彻底驱逐出境，这种做法被称为"外国人定居条例"（*xenêlasia*，有时被译作"外国人行为法案"）。希罗多德曾记录了这样一个故事：一个富有的萨米亚人（Samian）试图贿赂列奥尼达同父异母的兄弟克列奥麦涅斯，后者竟直接找到监察官，要求他们下令将这个外国人驱逐出斯巴达。还有一次，米利都（Miletus）的暴君阿里斯塔哥拉斯（Aristagoras）试图贿赂克列奥麦涅斯，请斯巴达出兵协助爱奥尼亚的希腊人反抗波斯人，克列奥麦涅斯当时仅有 8 岁的女儿戈尔歌强烈要求将这个"外国人"赶走，不要受到他的污染。这件事还被改编成戏剧表演，其中有一个精彩场景，克列奥麦涅斯听从了他女儿的话，跑出房间以避免诱惑。

斯巴达人经常对外人傲慢无礼。据修昔底德记载，斯巴达人曾断然拒绝告诉他公元前 418 年的门丁尼亚战役中死了多少斯巴达人。还有一次，来访使臣问门丁尼亚战役的胜利者阿吉斯应该如何回国复命，阿吉斯轻蔑地答道："你说了，我听了。"阿吉斯同父异母的兄弟阿格西劳斯曾经粗暴无礼地对待世界著名的雅典悲剧演员卡利庇德斯（Callippides）。这位悲剧演员目瞪口呆地问"你不认识我了吗"，阿格西劳斯不屑一顾地回答"你不是那个小丑（*deikêliktas*）卡利庇德斯吗"，就这样把一个成就颇高的专业演员贬斥为低俗的滑稽剧演员。米利都的提莫塞乌斯

（Timotheus）是一位著名的"新音乐"实践者，他曾前往斯巴达参加一个音乐节的比赛，据说当时斯巴达监察官竟然切断了他新式里拉琴"额外"的两根弦，并大声叫嚣让他"不要伤害音乐"。

撇开敌意和无礼不谈，上述故事都显示斯巴达人参与了希腊国家间典型的交往活动，比如斯巴达人接待外国使臣、运动员和音乐家到斯巴达参加宗教节日，以及斯巴达人充当"外交代表"①。斯巴达人出国旅行时也会有外国人充当他们的外交代表，最引人注目的是公元前5世纪的雅典政治家亚西比德（Alcibiades），竟然替在斯法克蒂里亚投降的俘虏充当"外交代表"。斯巴达人甚至领导着一个结构复杂的国际联盟体系，现代学者称之为"伯罗奔尼撒联盟"（Peloponnesian League）。

当然，斯巴达人也不像这些故事所暗示的那样对

---

① 由于希腊城邦不向外派遣固定的外交代表，因此由当地普通公民充当"外交代表"（proxenos），以照顾同盟内其他城邦的利益。——译者注 [Hormblower and Spawforth (eds), *The Oxford Classical Dictionary* (3th edition), New York: Oxford University Press, 1996, p. 1268]

外界漠不关心。公元前 6 世纪，拉科尼亚的作坊生产了一种高品质的黑釉陶器（见图 3-2），这些陶器深受东方艺术风格的影响，并且被广泛出口，特别是出口到小亚细亚萨摩斯岛（Samos）和意大利中部的伊特鲁里亚（Etruria）。公元前 6 世纪末，这些拉科尼亚工坊的衰落往往被认为是受斯巴达紧缩政策的影响，但这绝非唯一的原因。拉科尼亚黑釉陶器在国外的成功似乎只取决于少数几个艺术家，这也许能解释为什么它们的成功如此短暂。陶艺工坊的衰退也可能与民众品位的变化有关，因为当时伊特鲁里亚人已经将注意力转向了雅典的装饰陶器。此外，虽然拉科尼亚陶器的出口量下降了，但工坊在整个古典时期都继续生产黑釉和红釉陶器以供国内使用。公元前 420 年至前 370 年期间，拉科尼亚工坊生产的陶器基本上是模仿雅典的红绘（red-figure）艺术风格。

但是，关于斯巴达人对外来者态度的最好诠释，也许要追溯到伯罗奔尼撒战争爆发前，斯巴达人要求雅典人停止惩罚他们来自迈加拉（Megara）的盟友，允许他们进入爱琴海诸岛城邦的市场。雅典人回应，只要斯巴达人向他们开放斯巴达的市场，他们就会向迈加拉人开放市场。斯巴达人拒绝了这一提议，这表明他们宁愿冒着开战的风险也不愿受到外部世界的干扰。

"狐狸的孩子"

斯巴达人对私密性的推崇以及对外人的冷漠与他们狡猾奸诈的声誉"相辅相成"。阿里斯托芬（Aristophanes）的喜剧《和平》（Peace，公元前421年）中，雅典农民合唱团嘲笑斯巴达人是"狐狸的孩子，他们的头脑奸诈，思想也奸诈"。阿里斯托芬另一出戏剧《阿卡奈人》（Acharnians，公元前425年）中的老人合唱团则抱怨，对斯巴达人来说，"神圣、保证和誓言都不值一提"。但我们对此类说辞也要保持谨慎态度，因为大多数关于斯巴达人奸诈的负面评论都来自雅典的评论家。希罗多德曾记载了这样一个故事，告诉我们如果全然相信雅典人对斯巴达人欺诈性格的描述将存在危险：在公元前479年的普拉提亚战役前，列奥尼达的侄子帕萨尼亚斯曾向希腊联军发出撤退命令，因为波斯人破坏了他们的水源供应，但是只有雅典军队拒绝行动，因为他们"深知斯巴达人会说一套做一套"。实际上斯巴达人并不像雅典人所想的那样热衷于谋略——帕萨尼亚斯确实希望军队撤退。由此可见，斯巴达人并不总像雅典人宣传的那样狡猾奸诈。

尽管如此，一些斯巴达人显然陶醉于他们"骗子"的名声，一位现代专家甚至认为，是否拥有"撒谎的权利"是斯巴达公民地位的象征。阿格西劳斯声称："以智取胜不仅是正确的、荣誉的，而且是愉快的、有利可图的。"阿格西劳斯可能从他的导师吕山德那里学到了一些小花招。吕山德曾被指责过度沉迷于诡计，他却回应称："有时狮子皮和狐狸皮缺一不可。"他们同时代的德尔库利达斯（Dercylidas）也因骗术而名声大噪，由此还获得了"西西弗斯"（Sisyphus）的称号。传说科林斯国王西西弗斯曾巧言说服冥王允许他暂时返回人间跟妻子吵架，从而逃过一死。一回到人间，西西弗斯就违背了与冥王的协议，最终安然度过了漫长的第二次生命！

公元前494年，克列奥麦涅斯巧妙地用计谋战胜阿尔戈斯人，可以视为斯巴达人善于用计的最好例证之一。据希罗多德记载，阿尔戈斯人试图通过模仿克列奥麦涅斯军队里的传令信号来避免与其交战。很快，克列奥麦涅斯意识到阿尔戈斯人的心思，于是他下令，当斯巴达的传令官宣布午间用餐时，斯巴达将士应该穿上盔甲并发动进攻。这一招果然奏效，阿尔戈斯人毫无防备，惨遭屠杀。还有一些阿尔戈斯幸存者逃进了阿古斯（Argus）圣林，克列奥麦涅斯用虚假的承诺将其中的大约50人逐一引诱出来，然后将他们一网打尽。其余的人意识到情况不妙，便拒绝走出圣林，克列奥麦涅斯见计谋不成非常沮丧，于是命人把阿古斯圣林烧成灰烬，防止阿尔戈斯人逃跑。可见，斯巴达人真是既残忍，又狡诈。

作 恶 者

所有的秘密和谎言都掩盖了一个令人不安的事

实，即斯巴达人并不总是服从于法律，也不总是在可接受的范围内使用欺骗手段。事实上，斯巴达人在国外总是因为违规而声誉不佳。克列奥麦涅斯就是一个典型的例子，他在国外亵渎神圣的行为确实令人震惊。克列奥麦涅斯不仅烧毁了阿古斯圣林（虽然严格来说是他指使希洛人放的火），贿赂德尔斐神示所并指控与他同朝为王的戴玛拉托斯是私生子，鞭打阿尔戈斯赫拉（Heraion）神庙的祭司（同样是命令希洛人执行），而且还玷污了雅典境内埃列乌西斯（Eleusis）的得墨忒耳（Demeter）和珀尔塞福涅（Persephone）圣地。不仅如此，克列奥麦涅斯还挖掘出雅典贵族阿尔克迈翁家族（Alcmaeonidae）的遗骸，并且亵渎了阿尔戈斯英雄安特斯（Anthes）的遗骸，据说他把安特斯腐烂尸体上的皮剥下来，做成了抄写神谕用的人皮纸。在斯巴达，克列奥麦涅斯的行径也是罄竹难书。他随意用手杖戳刺其他斯巴达公民，并被指控与斯巴达的邻居阿卡狄亚（Arcadia），甚至是希洛人进行密谋。克列奥麦涅斯最终被戴上枷锁关入大牢，但他恐吓看守他的希洛人拿给他一把刀，然后用这把刀一片一片地切割自己的身体，刀痕遍布小腿、大腿和肚子，这对于一个完全不讲规则的残暴之人来说，真是一个令人毛骨悚然的结局。

在薛西斯的入侵部队被击退后，克列奥麦涅斯的侄子帕萨尼亚斯曾短暂地领导了一个希腊联盟，旨在将亚洲的希腊人从波斯人的统治中解放出来。即便如此，帕萨尼亚斯在海外也曾被指控行为不端。帕萨尼亚斯在国内一直嘲笑波斯人喜好奢侈，但他自己一到国外就穿起了波斯人的裤子，带着波斯和埃及保镖四处旅行，还试图勾引拜占庭的漂亮女孩（一个女孩在黑暗中潜到他的床上令他受到惊吓，随即被他刺死）。帕萨尼亚斯暴躁的脾气几乎冒犯了其他所有希腊人。据称，他甚至给薛西斯写过信，提出要让斯巴达和希腊臣服于波斯。由于他的不当行为，帕萨尼亚斯被召回斯巴达，但刚回来不久，他就被指控与希洛人一起策划发动"革命"。即使在那时，监察官们也没有对他采取行动，部分原因是他们不相信希洛人的供词。后来，帕萨尼亚斯被他的友人告发，并提供了帕萨尼亚斯寄给波斯人的信件作为书面证据（帕萨尼亚斯在信中命令对方杀死信使），监察官们终于决心采取行动。但当他们试图逮捕帕萨尼亚斯时，他却逃到雅典娜黄铜宫神庙中避难。监察官把他堵在神庙里，直到他因饥饿而倒下，然后趁他还没死的时候把他拖了出来，以免他死在里面玷污了圣所。据修昔底德报告，斯巴达人本来打算把他的尸体扔进凯亚达斯洞（Kaiadas），这里是斯巴达人处理作恶者的地方，但后来他们还是决定把他就近埋葬。事实证明，这个决定很明智，因为不久之后，德尔斐神示所便命令他们把帕萨尼亚斯重新埋在雅典娜圣地。

也许最能说明斯巴达人在国外行为不端的例子是吉利普斯——斯巴达人的"行为楷模"。公元前 404 年，将军吕山德委托他把攻占雅典后掠夺的大量钱财运送到斯巴达。吉利普斯背叛了吕山德的信任，从每个麻袋底部动手脚，偷取了大量银钱〔据说至少有 4.5 万枚银币，价值 18 万德拉克马（drachmas）〕，并藏在家里屋顶的瓦片之下。然后，吉利普斯将这些麻袋"完好无损"地交给了监察官。但吉利普斯不知道的是，狡猾的吕山德在每个麻袋的顶部都放了一张条子，说明袋中银钱的确切数额。因此，当监察官们数钱的时候，他们立刻发现数额不符。监察官们对此困惑不已，后来吉利普斯手下的一个希洛人告诉他们，吉利普斯家里"有许多猫头鹰睡在他的屋瓦下"——"猫头鹰"就是刻在雅典银币上的图案。在吉利普斯的丑闻暴露之后，监察官迅速采取措施应对这种财富涌入带来的危险，并在斯巴达暂时禁止金银币的流通。

双重生活

近年来，学术界出现了一种趋势，开始对我们已知的关于斯巴达人独特生活方式的大部分信息提出质疑。尤其值得一提的是，学者们开始关注这样一个事实：许多关于斯巴达人独特性的故事都是由雅典人提出的负面刻板印象，例如雅典政治家伯里克利（Pericles）在公元前 431 年发表的《国殇演说词》

（Funeral Oration）中，把斯巴达描绘成一个仇外和军事化的社会。据修昔底德报告，伯里克利将雅典人如何将他们的城市向世界开放与斯巴达人的极度排外行为进行了对比，并指出斯巴达人想方设法阻止外国人听到或观察他们的行为。据说伯里克利还声称，雅典人"天生勇敢"，而斯巴达人则需要在残酷的教育过程中锻造他们的勇气。正因为我们平常接触到的都是关于斯巴达人的负面刻板印象，一些专家意识到这一问题后开始思考，大多数关于斯巴达人与众不同的说法是否只是"斯巴达式幻想"的一部分，因为斯巴达人实际上并没有传说中那么独一无二。

但这种思路的危险性在于，它几乎把"斯巴达式幻想"当成了一个"免责条款"，用来解释斯巴达生活中那些貌似非常离奇的方面。我自己的观点是，如果斯巴达人真的与常人无异，那么"斯巴达式幻想"这个概念一开始就不会出现。斯巴达人的秘密、谎言和排外，不仅向我们表明他们的行为与其他希腊人不同，而且还表明他们希望自己生活方式中的某些方面不要为人所知。我们还应该记住，"负面"的刻板印象并非意味着是"不真实"的刻板印象，而且被赋予刻板印象的人也并不总认为这一印象是负面的。比如说，雅典人认为斯巴达人严格服从命令是一件坏事，但这并不一定意味着斯巴达人自己也有同样的感受。毕竟，在今天的社会中，许多人把严格服从看作是一件坏事，但在军队中服役或生活在封闭社区中的人则很少会同意这一观点。有学者指出，与其急于纠正我们以往对斯巴达人的认知，倒不如认为他们过着一种"双重生活"，即他们在获得财富和私人生活方面比我们想象的更加自由，但与此同时，与其他希腊城邦相比，他们在财富展示以及公共生活方面受到更多限制。当然，我们必须承认，斯巴达的生活并不像外人描述的那般"简朴"，但我们不应该由此否认这样一个事实：很多希腊作家认为斯巴达人的生活方式与他们自己的生活方式迥然不同。

THE SPARTANS

第 4 章

斯巴达式教育

斯巴达的教育目的是培养强悍的人。为了说明这一点，普鲁塔克讲述了一个斯巴达男孩的故事。这个男孩偷了一只小狐狸，为了不被发现，便把小狐狸藏在披风里。狐狸在他的披风里疯狂挣扎，但即使这个男孩被抓咬得皮开肉绽，他仍然坚持着保持镇定，避免大声喊叫而引起别人注意。虽然这个故事听起来不太真实，但普鲁塔克说他相信这个故事，因为他亲眼看到"许多"斯巴达青年在阿尔忒弥斯·奥尔提亚圣殿的祭坛上被活活鞭打致死。

尽管男孩和小狐狸的故事为斯巴达人严酷的童年创造了一个生动的形象，但许多现代学者仍然认为这只是后人为了迎合斯巴达人的强硬形象而编造的。有些人对这个故事表示怀疑，因为普鲁塔克的记录是唯一提到它的资料来源。还有人质疑为什么一个男孩会去"偷"一只狐狸。尽管我们现在听起来很奇怪，但古希腊人是经常吃狐狸的。据盖伦（Galen，119～200年）记载称，狐狸是古希腊猎人的秋季美食，因为狐狸吃了掉落的葡萄后会变得异常肥美。同样重要的是，普鲁塔克讲述的绝大多数关于斯巴达教育的故事与色诺芬、柏拉图和伊索克拉底等早期作家的记录相符。因此，当我们试图确定关于斯巴达式教育我们可以或不可以说些什么时，我们需要首先确保不过分怀疑普鲁塔克等后来人提供的资料。

斯巴达的"优生学"？

斯巴达人的教育过程其实在受孕之前就开始了。色诺芬观察到，其他希腊城市的女孩在室内从事纺织等工作，而斯巴达的女孩则被迫在室外进行体育锻炼，因为斯巴达人相信如果父母双方都身强体壮，就会生产出"魁梧"的婴儿。色诺芬还透露，斯巴达不鼓励男人随时、随性与妻子同眠，因为他们认为过多的夫妻生活会使男人筋疲力尽，无法孕育出"精力充沛"的后代。

据普鲁塔克记载，新出生的斯巴达婴儿由部落中最年长的人检查，他们会将婴儿浸泡在原浆红酒中以测试其反应。如果他们身体虚弱或带有残疾，就会被扔到泰格特斯山附近的一个弃婴场（Apothetae，来自希腊语 *apotithêmi*，意思是"丢弃"）。现代的斯巴提镇（Sparti）以西、位于帕罗利（Parori）的泰格特斯山脉中的一个峡谷以及位于提洛皮（Trypi）的一个洞穴，都被认为可能是当时斯巴达的弃婴场，另外还有斯巴达人用来处理罪犯的凯亚达斯洞。由于这种臭名昭著的做法只有普鲁塔克提到过，一些现代专家将其视为在斯巴达人早期行为基础上的杜撰。即便如此，我们也应该记住，残疾婴儿在斯巴达通常是没有机会长大的。更加残酷的现实是，在整个古希腊世界，父母都会将不想要的孩子弃之荒野，任其自生自灭。将跛足的阿格西劳斯抚养长大肯定是个例外，而不是斯巴达的惯例。实际上，阿格西劳斯之所以能够活下来，可能是因为他的残疾并没有立刻暴露，并且不足以阻碍他完成教育阶段的各项任务。

阿戈革——斯巴达式教育

斯巴达式教育在古代世界堪称独一无二，它是由国家组织管理、所有公民必须参加的强制性教育。色诺芬曾明确地将斯巴达的举国义务教育制度与其他希腊城邦主要由奴隶家庭教师和私人教师提供教育做过对比。亚里士多德通常对斯巴达的行事做法嗤之以鼻，但他仍然称赞道，在斯巴达，富人和穷人的儿子的培养方式并无二致。在斯巴达，只有两个王位的直接继承人可以免于接受普鲁塔克口中的"服从训练"。

斯巴达的教育模式教育被称为"阿戈革"（*agôgê*，来自希腊语 *agein*，意思是"领导"）[1]。一位现代专家指出，"阿戈革"是指一种"教育和训练相结合"的

---

[1] Agôgê：暂无固定的中文译名，音译为"阿戈革"，或直接取其意"斯巴达教育"。——译者注

教育模式。但这个术语出现的时间不会早于公元前 3 世纪中期，而且是出现在后来罗马作家的引文之中。色诺芬等同时代的学者在描述斯巴达教育模式时，更多地使用了希腊语术语"教化"（*paideia*），尽管柏拉图在描述一般性的教育问题时确实使用了"阿戈革"一词。

斯巴达会在国家层面任命一位官员来负责这个残酷的教育过程。他的头衔"男孩牧人"（*paidonomos*）首先便预示着不祥之兆，这个名字也许与男孩在 7 岁时被分成若干"牧群"（herds）有关。但事实又一次被混淆了。我们在资料中发现了三个关于男孩分组的术语：*agelai*、*bouai* 和 *ilai*。第一个词 *agelai* 是通用希腊语"畜群"的意思，第二个 *bouai* 来源于希腊语中的"牛"，第三个 *ilai* 是我们最早期资料中使用的一个类似于"中队"的技术性军事术语。只有 *bouai* 似乎是斯巴达人所特有的，但它在资料中出现得很晚。因此，我们只能认为斯巴达的男孩被编成若干"组"或"群"，这些组或群最晚在罗马时期被称为

"牧群"。

我们可以有把握地指出，斯巴达的教育过程分为三个阶段。斯巴达男孩大约 7 岁时，被统称为"男孩"（*paides*）；14 岁左右时，男孩成为"少年"（*payiskoi*），但字面意思是"小男孩"，这是一种让斯巴达青少年安分守己的巧妙方式；20 岁的斯巴达青年称为"壮年男子"（*hêbôntes*）。即使当这些年轻的斯巴达成年人成为公民、开始实行共餐制并在军队服役后，对他们的测试和监督仍然没有停止。只有当斯巴达男性30 岁的时候，对他们的教育才可以宣告完成。色诺芬称赞这种由三部分组成的教育制度确保了"尊重和服从在斯巴达拥有至高无上的地位"。

纪律和惩罚

斯巴达男孩和青年的行为受到严格的控制和持续的监视。如果"男孩牧人"不在现场，任何有空闲的普通公民都可以来看管这些男孩；如果没有空闲的市民，则会从学员中挑选最聪慧的人担任教官，他们被

称为"埃伦"（*eirên*），一般是 20 岁的男性青年。色
诺芬不怀好意地断言："斯巴达的男孩没有一刻不受
人监控。"

斯巴达的男孩不仅仅受到全方位的监控。为了确
保他们行为端正，"男孩牧人"通常会与"执鞭者"
（*mastigophoroi*）一起进行管理。男孩们的任何违规
行为都会遭到鞭打，而且斯巴达的鞭子又长又重，而
不是像九尾鞭那样，因此这种惩罚必定是非常残忍
的。在斯巴达，如果父亲得知儿子受到鞭打，那他自
己还会再打儿子一次。这在当时不可能是个别事件，
因为斯巴达人曾因为用手杖打人而恶名在外。体罚是
斯巴达男孩成长过程中不可或缺的一部分。柏拉图声
称斯巴达人的教育方式"不是通过劝说而是通过暴
力"；一位现代学者最近表示，每个斯巴达人至少要
忍受长达 20 年被其他斯巴达人鞭打的经历。

斯巴达这种暴力执法的方式可以从一个侧面解释
为什么他们会以尊重长辈著称。希罗多德告诉我们，
斯巴达人在希腊人中是独一无二的，因为当他们看到

长辈走过来时，斯巴达的年轻人会自觉地站在一旁或从座位上站立起来。为了进一步解释这种行为，普鲁塔克讲述了一个精彩的（几乎可以肯定是虚构的）故事：在雅典参加泛雅典娜节（Panathenaea）运动会的斯巴达代表们，惊恐地看着雅典人嘲笑和捉弄一个找不到座位的老人。当斯巴达人起身为这位老人提供前排的座位时——在古代前排座位相当于现代体育场里的包厢——雅典人竟然鼓掌以示赞同。于是，斯巴达人自鸣得意地评论道："以双神之名，雅典人知道什么是正确的事情，但却不那样做！"

斯巴达男孩在外表上也要严格遵守规定。他们统一剪短头发，并且必须穿一种特制的披风。据色诺芬说，斯巴达男孩甚至不允许穿鞋，因为要确保他们能够"比穿鞋的人跳得更远、跑得更快"。再加上他们随身携带伐木用的镰刀（xuêlê）以及洗澡用的刮刀（有点像单刃的瑞士军刀），斯巴达男孩统一的外表不仅使他们区别于长头发、红披风的成年人，而且还与戴着狗皮帽子和穿皮夹克的希洛人截然不同。他们随身携带的镰刀可能造成很大的危险。色诺芬说他曾经遇到一个名叫德拉康提斯（Dracontius）的斯巴达人，在他还是个"男孩"的时候就被流放了，原因是他不小心用随身携带的镰刀杀死了另一个"男孩"。

据色诺芬记载，斯巴达男孩的饮食也受到严格控制，目的是确保他们不会因为吃得太饱而变得迟钝，并要让他们尝尝吃不饱的滋味。色诺芬强调，男孩们不仅吃不饱，而且吃得也不好。后来的资料也证实，斯巴达男孩吃不到成年人最喜爱的"黑血汤"，相反，他们的正餐包括大麦汉堡，"餐后小食"则是更多的大麦汉堡。斯巴达人俭省饮食背后的理论是，这样可以保持高大、苗条的身材。据说监察官们每隔十天就会检查这些年轻人的裸体，确保他们一直保持苗条的状态。

普鲁塔克说，"最聪慧的"教官"埃伦"负责管理和指挥男孩"中队"，并监督他们的食物采集活动，男孩们会为"埃伦"提供食物。有时候，"埃伦"会向男孩们提问，如果回答错误则会刺痛他们的拇指以示惩罚。即使在长老和官员面前，"埃伦"也会直接对男孩做出责罚。普鲁塔克称，在这种情况下，"埃伦"做出的决定会被无条件地接受并执行，但当男孩被解散后，"埃伦"需要对任何被认为是不适当的严厉或无力的惩罚做出解释。

普鲁塔克还说，属于一个"中队"的男孩们会睡在一起，床垫是他们用自己亲手从欧罗塔斯河岸拔出的芦苇做的。冬天时，他们会在床垫中混入蓟花，因为他们相信这样有助于保暖。这种生活听起来特别严酷，一些专家认为这不是前罗马时期斯巴达的惯常做法，而是作为男孩耐力训练的一部分才偶尔发生的事情。

有时斯巴达男孩会加入成年人的公共食堂，但他们到这里不是为了吃饭。色诺芬说，在公共食堂，男孩会受到长辈们的盘问。普鲁塔克则指出，男孩在这里可以听到政治辩论，并观看自己成为公民之后可以享受到的娱乐活动，包括如何在不失体面的情况下开玩笑，以及当自己成为笑柄时如何保持微笑。普鲁塔克说到，"开玩笑的能力似乎是斯巴达人特有的"。

索西比乌斯则将斯巴达人晚餐时的玩笑描述为"他们艰苦乏味生活的调味品"。

色诺芬声称，俭省的饮食迫使斯巴达男孩靠偷盗来抵御饥饿。普鲁塔克描述他们以团队形式进行狩猎，目标是成年人的公共食堂和城市附近的菜园，一般由年长的男孩实施偷窃，年纪小一点的男孩负责望风。不出所料，所有被抓到的男孩都少不了一顿鞭刑，但色诺芬解释说，这并不是惩罚他们偷东西——实际上是鼓励他们偷东西——是为了教育他们成为更优秀的小偷。虽然现代学者经常努力使这种做法合理化，但色诺芬指出，斯巴达的偷窃训练实际上具有军事功能，因为小偷必须在晚上保持清醒，在白天保持警觉、伺机而动，从长远来看这种训练可以使斯巴达人变成更加机智和更加优秀的战士。

当斯巴达男孩成长到"少年"阶段，他们会受到更加严格的训练以及更加严密的监控。色诺芬说，由于青年人"固执任性"且"容易骄傲自大"，于是斯巴达人"给他们安排了大量的工作"，目的是"最大限度地占据他们所有的时间"。色诺芬还强调了斯巴达人对青年行为要求的严格性：在街道上，青年们必须把手放在披风里默默地行进，目光不可以游移不定，而必须固定地盯着地面。色诺芬用了一个奇妙的比喻，说一个人走在大街上，吸引铜像目光的概率都比吸引斯巴达青年目光的概率更高。青年人行为失检是非常严重的问题，甚至可能导致名誉彻底受损，就像现代军队中的新兵没有完成基础训练一样。

鞭打仍然是青年教化过程中的一个关键环节，最明显的例子是为纪念阿尔忒弥斯·奥尔提亚女神而举行的臭名昭著的血腥偷奶酪仪式。我们目前所掌握的古典时期的资料，对于在欧罗塔斯河岸附近的女神庙里发生的事情语焉不详。我们拥有的最详细的证据来自色诺芬的观察，据说斯巴达青年需要一边忍受着鞭打，一边从奥尔提亚的祭坛上尽可能多地抢夺奶酪，因为这是"为荣誉而战"。柏拉图曾经提到的"在持续的鞭打声中发生的某种偷窃行为"，肯定就是指这个偷奶酪仪式。但我们只能比较有把握地说，在色诺芬的时代，斯巴达青年会去偷窃奶酪，并在偷窃过程中受到鞭打。

我们对罗马时期的这种成年仪式了解得更多一些，当时这种仪式似乎已经演变成一个长达一天的盛会，叫作"鞭挞竞赛"（diamastigôsis）。除了需要偷奶酪之外，这主要是对青年忍耐力的巨大考验，能够忍受鞭打次数最多的男孩将会获得奖励。普鲁塔克和西塞罗（cicero，公元前106～前43年）都曾目睹斯巴达男孩在鞭打下死亡，西塞罗称这些男孩一言不发地忍受着致命的殴打。但没有证据表明，早期如此极端的表演会对"游客"开放。

运动生活

斯巴达要求青年拥有强健的体魄，并且希望他们始终有事可做，这就意味着斯巴达教育中的相当一部分内容涉及身体的锻炼。斯巴达青年要练习跑步、摔跤、跳跃、投掷（包括标枪和铁饼），也许还有拳击和残酷的潘克拉辛（pankration）训练（古希腊式搏击，一种拳击和摔跤的混合式训练）。斯巴达对于拳击和潘克拉辛持怀疑态度，并且后来不再进行相关的训练，因为他们认为这两项运动可能会导致选手中途放弃，而对他们来说放弃是不可接受的。如果斯巴达男孩的家庭足够富有，并且拥有马匹，他们也可以参加马术运动。

虽然斯巴达人可能避开了拳击和潘克拉辛运动，但这并不意味着他们对互相殴打有所顾虑。柏拉图曾经提到一种"赤手空拳的群殴"，一些现代学者认为这是指帕萨尼亚斯所说的在一个被护城河环绕的神圣丛林中进行的赤手空拳的打架仪式。根据帕萨尼亚斯的说法，在向战神埃尼阿利奥斯（Enyalios）献上一只小狗后，两队斯巴达男孩便进入小树林，通过拳击和撕咬将对手赶入河中。

斯巴达男孩还要参加其他各种各样的体育竞赛。幸运的是，我们拥有公元前400年后不久的大型雅典娜献礼碑，为了纪念某位达蒙侬（Damonon）和他的儿子埃尼玛克拉蒂达斯（Enymacratidas）在当地各种宗教节日中获得的胜利。这块石碑记录了在帕帕罗尼亚节（Parparonia）那天，达蒙侬在单程短跑（约185 米）和双程短跑中的胜利，以及埃尼玛克拉蒂达斯在男孩组单程短跑、双程短跑、长跑和马背竞赛中取得的非凡胜利。还有一些与阿尔忒弥斯·奥尔提亚崇拜有关的针对斯巴达男孩的特殊体育竞赛，这可能是偷奶酪仪式的起源。公元前 4 世纪的一段纪念某位青年成功事迹的铭文这样写道："胜利的阿雷西普斯（Arexippus）将这五把镰刀献给奥尔提亚，供聚会上的所有人观看。"在希腊化时代和罗马时代，随着纪念阿尔忒弥斯的体育竞赛演变为男孩过渡到成人的最终仪式，这种献礼仪式逐渐成为常规做法。

斯巴达青年也会进行团体的球类运动。色诺芬曾经提到斯巴达的成年人会进行球类运动，实际上在希腊化时期，斯巴达的年轻人玩一种叫作"球类战争"（sphairomachia）的游戏。这种运动可能与希腊其他地方称为"埃佩斯卡洛斯"（episkyros）的运动类似，都是采用一种"逼退"的形式，各队争先恐后地接球并把球扔给对方，直到一方把另一方推过后防线。这种运动被描述为"北美足球、橄榄球和一种无网排球的混合体"，需要敏捷、合作和力量。到了罗马时期，这种运动已经成为斯巴达的代名词。作家卢西恩（Lucian，约 125 ～ 180 年）曾经警告一位前往斯巴达的门徒："当他们在剧院里为一个球冲锋陷阵时，千万记住不要嘲笑他们……"

阅读、写作和算术

外界经常宣称斯巴达人在学术上没有受过正式的教育。雅典人伊索克拉底声称，斯巴达人"甚至不学习他们的字母"，而埃利斯的希庇亚斯（Hippias，公元前 5 世纪著名的诡辩家）则强调"他们中的许多人不知道如何计算"。正是由于这些早期的批评，普鲁塔克所说"斯巴达男孩只学习最基本的阅读和写作"，有时被认为是在暗示斯巴达人几乎不会阅读和写作。但我们需要记住的是，伊索克拉底的指控更大程度上是出于对斯巴达的恶意诽谤，其目的是显示雅典的优越性；而希庇亚斯主要是对斯巴达人拒绝他有偿教授斯巴达年轻人的提议感到愤愤不平，才会有上述评论。这可能只是因为斯巴达人对什么是"必要的"知识有相当不同的看法，要知道斯巴达是一个口头表达比书面表达更重要的社会。

事实上，我们有充分的理由认为大多数斯巴达人确实学会了阅读和写作。一些古典时期的石刻遗留下来，虽然数量不算多，但比起大多数古希腊城市的遗存，其数量也不算很少。如果大多数斯巴达人不识字，那么像阿雷西普斯和达蒙侬这样的人为什么还要费心把他们的体育成就刻写在石头上呢？其次，像监察官这样的官员必须会写字，而正如我们所知道的，每一个斯巴达公民的确都有机会担任监察官。监察官们用一种叫作"天书"（skytalê）的加密信息棒与军事指挥官往来传递消息。我们很幸运地找到色诺芬记录的这样一条信息："船只迷失，门达拉斯（Mindarus）死亡，不知道该怎么办。"这些话是在斯巴达海军一次惨败后由一位绝望的副手写的，这类消息必然非常简短，但也清楚地表明这位下级军官具有写作的能力。

一些现代专家认为，比较富裕的斯巴达家庭会希望他们的儿子更有文化，他们通常会通过安排像埃利斯的希庇亚斯这样的专业教师进行私人补习，作为国家基础教学的补充。但这种观点与亚里士多德的说法完全冲突。亚里士多德声称斯巴达富人和穷人的儿子是以完全相同的方式进行培养的。色诺芬也强调说，其他希腊人会把他们的孩子交给私人教师辅导，而斯巴达人则把他们的儿子完全交给国家教育。柏拉图曾经引用希庇亚斯本人的证词，即"斯巴达人为年轻人提供国外教育是不合法的"，这进一步削弱了外国教师在斯巴达有偿授课的可能性。只有极少数的斯巴达人达到了较高的文化水平，这似乎是有可能的，因为已知的古斯巴达仅有的散文作家都属于社会精英阶层。斯巴达国王帕萨尼亚斯曾经写了一篇关于吕库古的论文，将军提布隆（Thibron）也曾写过一部历史专著，不过这两部作品如今都已失传。

简洁的箴言

哲学家赫拉克勒斯（Heracleides，公元前 390 ～前 310 年）指出："斯巴达人从小就被教导说话要言简意赅。"斯巴达人这种尽可能精简用词的做法是英语单词"laconic"（源自拉科尼亚，意思是"简洁的、简明的"）的起源。斯巴达人简洁的语言风格并不是其智力贫乏的表现。普鲁塔克将斯巴达人语言的简洁描述为"深刻"和"优雅"，苏格拉底更是钦佩地指出，如果你选择与一个普通的斯巴达人交谈，一开始你会发现他言语简单，"但随后他就会像标枪一样抛出有价值的词语，短小精悍，让你看起来还不如一个孩子"。此外，公元前 6 世纪的斯巴达监察官奇隆（Chilon）以他简洁的箴言（如"敬老""遵守法律""可望不可即"）而闻名于世，被公认为古希腊"七贤"（Seven Sages）之一。但是修昔底德反唇相讥，他这样评价公元前 5 世纪的斯巴达将军伯拉西达："作为一个拉西代梦人，还是会说话的"，这表明有些外国人认为，斯巴达人的语言虽然简明，但缺乏雄辩力。

斯巴达人的许多令人难忘的俏皮话被收集在普鲁塔克一部叫作《拉科尼亚箴言》（*Laconica apophthegmata*）的作品中。这些箴言都有一个共同主题，即斯巴达人直言不讳地批评外国人的演讲过于啰嗦。他们举例说，公元前 4 世纪，有人称赞一位演说家有能力把小的观点放大加以阐述，对此国王阿格西劳斯的反应是"给小脚穿大鞋的不是好鞋匠"。尽管《拉科尼亚箴言》中许多谚语的历史可靠性值得怀疑，但早期资料保存下来的几句话却确定无疑是出自斯巴达人之口。其中之一是修昔底德引用监察官斯森涅莱达斯（Sthenelaidas）对雅典大使的直率回应："雅典人的这些长篇大论我不懂。"另一个是希罗多德记录的斯巴达人对萨摩斯使者请求他们提供援助的长篇大论的尖锐回应。在萨摩斯人滔滔不绝地说完之后，斯巴达的监察官们回应说，萨摩斯人说得太长了，导致他们都忘记了他开头讲了些什么，因此也不明白他讲话结尾的意思。斯巴达人的简洁甚至可以反映在荷马的《伊利亚特》中，斯巴达国王墨涅拉俄斯被描述为"用词不多，但简明扼要"。

讲话简短成为斯巴达人自己的修辞形式，其效果不仅是彰显智慧，而且还令人难以回答。这方面最好的例子也许是斯巴达战士狄耶涅凯斯那句著名的话："我们就可以在日荫下作战了。"正如一位现代学者最近所说，对斯巴达人来说，"行动，而不是演讲，才是最重要的"。

成年考验

即使在年轻的斯巴达人加入共餐食堂并开始在前线作战后，年长的斯巴达人还会继续对他们的行为进行监管。据色诺芬说，斯巴达人最关注"壮年男子"的表现，认为这些青壮年如果能够养成正确的性格，将对国家的利益产生最大的影响。普鲁塔克说得更直白："斯巴达人的训练一直延续到成人时期，没有人可以随心所欲地生活"。年轻的斯巴达成年人应该还没有结婚的计划，而且他们中至少有一部分人（也许不是全部）是在城里的营房睡觉，而不是住在自己家里。对于青壮年是否可以留长头发的问题，学术界有一些争论，部分原因是现有资料中关于"壮年男子"装扮头发的规定混乱不清。造成这种混乱的原因可能是，任何人在剃光头后都需要相当长的时间才能留长发。斯巴达似乎也不允许壮年男子留胡须。

所有壮年男子的行为都会受到严格审查，因为他们要争夺斯巴达精英步兵部队"希皮斯"（*hippeis*）的位置。"希皮斯"字面意思是"骑士"，但最近一位学者将它翻译成"无马骑士"，以强调他们是徒步作战。这支由 300 人组成的队伍在战斗中担任国王的近卫，其挑选过程是出了名的严苛。监察官们首先选出三名"骑士猎手"（*hippagretai*），每位"猎手"各自挑选一百名"壮年男子"，成为新的"希皮斯"。"骑士猎手"需要向监察官证明他们的选择是正确的，详细解释他们选择或拒绝壮年男子的原因。据普鲁塔克的记载，"骑士猎手"曾经在挑选"希皮斯"时忽略了佩达里图斯（Pedaritus），他在被拒绝后却开怀大笑，令同时代的人都感到惊讶不已。佩达里图斯后来在公元前 5 世纪成为一名杰出的官员，当被问及为什么被"骑士猎手"拒绝还显得那么高兴时，佩达里图斯回答说，因为他很高兴斯巴达有 300 个比他更优秀的年轻人！但并不是所有的斯巴达人都能很好地接受淘汰的结果。根据色诺芬的说法，那些落选的"壮年男子"会一直注意寻找"希皮斯"的行为不检之处，而且这两个群体之间的敌意经常会导致暴力，迫使年长的斯巴达人进行干预。任何拒不改正的"壮年男子"都会被"男孩牧人"拉到监察官面前，并受到严厉的处罚，以确保愤怒不会超越对法律的尊重。

一些"壮年男子"面临的最终考验是所谓的"克里普提"[①]。"克里普提"的意思是"秘密行动队"，这个名称恰如其分：最聪明的"壮年男子"会被派往农村，随身只带一把刀和少量食物，然后便被笼罩在神秘和矛盾之中。我们目前掌握的资料对"秘密行

---

① Krypteia，又作 Crypteia，一般译为"克里普提"，意思是"秘密行动队"或"特别行动队"（Special OpsBrigade）。——译者注

动队"有两种不同的描述：一种是亚里士多德记录的"强硬派"做法，即参加"秘密行动队"的"隐藏者"（*kryptoi*）被派出去，他们根据命令在白天隐藏起来，在晚上则猎杀遇到的所有希洛人；另一种版本是柏拉图记录的"温和派"做法，要求年轻人冬天在没有鞋、被褥以及奴隶照顾的情况下四处"游荡"，被柏拉图描述为"冬季艰苦的训练形式"。

普鲁塔克对亚里士多德关于"隐藏者"对待希洛人恐怖行径的记录感到非常震惊，他拒绝接受像吕库古这样一位开明的立法者会创造出如此"不正当的训练方式"。相反，普鲁塔克认为杀戮奴隶的行为一定是在公元前460年左右奴隶们长达十年的叛乱之后才发生的。一些现代学者对此表示赞同，他们认为，随着时间的推移，以前原始的入会仪式，即要求年轻人在完全承担成年人的地位和责任之前充当"反重甲步兵"（anti-hoplite），逐渐演变成了一种针对希洛人的恐怖行动。但也许这两种对于"秘密行动"的不同描述只是反映了外人对斯巴达的积极或消极的态度而已。斯巴达人只有到了 30 岁时，才能真正自认为属于"平等者"的一员。随着训练的完成，他们终于可以睡在自己的家中，甚至可以留起胡须。然而，即使到了这个时候，斯巴达公民也必须确保他们在战斗中不会在敌人面前颤抖，也必须履行对共餐食堂的月贡义务。一个成年的斯巴达人，无论多么强壮或者富有，从来不可能真正在"平等者"的位置上高枕无忧。

最严厉的学校

多年来，人们对斯巴达人的教育方式提出了各种各样的解释。长期以来，现代学术界通常都选择相信色诺芬的观点，即认为"斯巴达人从童年开始所接受的训练和管教都是为日后的陆地战争做准备"。然而，大部分的教育方式，例如唱歌、跳舞和田径，其实都与战争没有直接关系。其他现代学者将这种教育方式与"原始"的成年仪式相比较。但这种跨文化的研究往往是具有高度选择性的，即挑选符合论题的斯巴达传统为例，而忽略了许多不符合论题的斯巴达传统做法。

我们还必须记住，斯巴达的教育方式并不是像色诺芬、修昔底德和普鲁塔克等古代作家所认为的那样一成不变，而是随着时间的推移而不断演变。因此，我们最好遵循目前的正统观念，这种观念认为斯巴达教育是一套相对典型的"成长仪式"：培训男孩为今后成为斯巴达公民做准备，用斯巴达的价值观和理念去教育他们，教导他们克服感情或感觉，即所谓的"情感"（*pathêmata*），如恐惧（*phobos*）、羞耻/骄傲（*aidôs*），还有更多的生理感受，如欲望、饥饿和饥渴。最近一项研究表明，这种教育方式还能确保斯巴达公民的孩子不会找"下等人"做玩伴（如希洛人或边民）。

据说，阿格西劳斯将斯巴达的学校教育描述为"学习如何接受和发出命令"。鉴于斯巴达公民的大部分时间都花在战争或为战争做准备上，这种对绝对服从的强调其实是有道理的。事实上，在伯罗奔尼撒战争爆发时，斯巴达国王阿希达穆斯（Archidamus）曾告诉他的斯巴达公民，他们的力量在于能够迅速地服从命令，因为他们是"在最严厉的学校里培养长大的"。

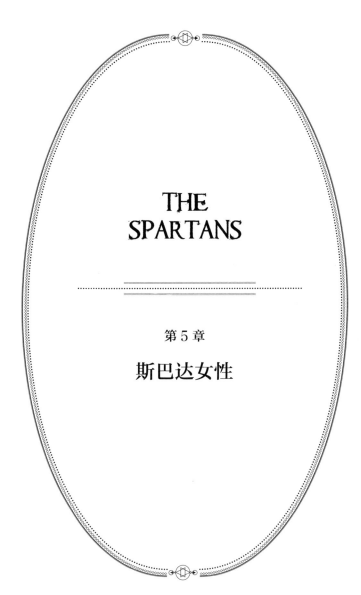

THE
SPARTANS

第 5 章

斯巴达女性

自古以来对斯巴达妇女的评价可谓毁誉参半。斯巴达妇女以极富魅力的外表而闻名于世，这可以追溯到神话时代的海伦，她的美貌引发了长达十年的特洛伊战争。但她们的美貌与乱交的恶名并存，部分原因是海伦曾经被特洛伊王子帕里斯（Paris）勾引，同时也因为斯巴达女孩可以衣着暴露地——据说甚至是裸体地——在室外从事传统的男性活动，如田径运动。雅典剧作家欧里庇得斯（Euripides，约公元前480～前406年）曾写道："斯巴达根本找不到端庄的女孩。她们在户外和男孩厮混，裸露大腿，衣冠不整，甚至还和男孩们一起比赛和摔跤。简直令人难以忍受！"此外，在一段引起广泛讨论的短文中，普鲁塔克甚至表示，未婚的斯巴达女孩会从成熟的斯巴达妇女那里吸收一种"爱",就像青春期的男孩从他们的"鼓舞者"那里得到的"爱"一样。难怪像亚里士多德这样的外人谴责斯巴达是"妇女当政"(gynaecocracy),他认为斯巴达的妇女已经不受节制了。

放荡的女人?

斯巴达妇女的穿着打扮一直是一道亮丽的风景线。公元前 7 世纪的斯巴达诗人阿尔克曼赞扬了众多斯巴达少女的美貌,尤其是可爱的海格斯科拉(Hagesichora),她的头发"像纯金一样盛开"。海格斯科拉的穿着显然符合古代典型的礼仪标准。阿尔克曼赞美了她"可爱的脚踝",这是诗歌中常用的修辞方法,代表着一个端庄或贞洁的女孩应该穿戴整齐,到了古典时期这一修饰词则演变成"闪耀的大腿",因为当时的女孩普遍穿着短裙。雅典悲剧家索福克勒斯(Sophocles,公元前 497 ~ 前 405 年)这样描写斯巴达女孩:"那个年轻的女人衣着暴露,她的束腰外衣在大腿处敞开着。"这一形象与众多描绘斯巴达女孩的青铜俑相吻合——肌肉发达、穿着短外衣、露出一个乳房（见图 5-1）。这些女孩穿得如此暴露并不是为了吸引男人，实际上，斯巴达女孩因其在跑步、跳跃、摔跤、投掷铁饼和标枪以及舞蹈方面的运动能力而闻名。

图 5-1　跑步或跳舞的斯巴达女孩青铜俑，约公元前 520～前 500 年，大英博物馆

　　阿里斯托芬在其戏剧《吕西斯特拉忒》（*Lysistrata*，公元前411年）中，用拉姆皮托（Lampito，字面意思是"光芒四射的"）这个角色展示了斯巴达女性的惊人形象。在这部戏剧中，希腊女性通过组织全希腊的性罢工，迫使他们的男性同胞结束伯罗奔尼撒战争。当拉姆皮托走上舞台时，她的雅典同行们都被她皮肤黝黑、肌肉发达的体格惊呆了。吕西斯特拉忒说道："亲爱的，你是多么美丽啊！多么完美的肌肤，多么强健的体魄，简直能让公牛都屏住呼吸！"拉姆皮托回答说："没错，我想我之所以能够这样，实际上是受到两位天神的护佑；另外我一直坚持练习体操和弹跳运动。"拉姆皮托这里说的"弹跳运动"指的是斯巴达臭名远扬的"臀部弹跳"（*bibasis*）运动。这种运动要求女孩跳起来踢自己的臀部，先用一只脚，然后换另一只脚，接着是两只脚同时跳起。她们甚至还为此展开比赛，有一首诗记录了一个斯巴达女孩自豪的吹嘘："我在臀部弹跳赛中跳了一千次，比其他所有女孩跳得都多。"其实拉姆皮托的体形并不奇怪，因为斯巴达妇女的饮食一般都比其他希腊妇女要好得多。事实上，根据一位现代学者的计算，斯巴达妇女每天可能消耗多达 3446 卡路里的热量，比今天我们认为"相当活跃"的女性日常所需的 2434 卡路里还要多得多。

斯巴达女孩并不是为了锻炼而锻炼，这是她们强制性公共训练的一部分，有点类似于斯巴达男孩所接受的强制训练。事实上，根据普鲁塔克的说法，参加传统的男性运动可以使斯巴达女孩具备"男性的英勇气质"。斯巴达男孩接受的训练主要是为他们未来作为公民士兵的生活做准备，而针对斯巴达女孩强身健体方面的训练则是为她们未来作为生育者的角色做准备。目前没有证据表明斯巴达女孩像男孩一样被招入"牧群"，也没有资料显示她们需要在家以外的地方过夜。

有时，斯巴达女孩会在年轻男子面前赤身裸体地唱歌跳舞，正如普鲁塔克所说，这样她们就会"以肥胖或虚弱为耻"。难怪一位现代学者最近提出，参加体育比赛实际上要求女性成为男性渴望的顺从、美丽的对象。但是，这种耻感文化也可能是双向的。斯巴达女孩们会唱歌赞颂勇敢和强壮的年轻男子，同时也会肆意嘲笑那些体弱或懦弱的男子。一位现代评论家指出，当这些男孩被赤裸的少女们当面嘲笑时，你几乎可以感受到他们内心的痛苦。我自己的感觉是，你几乎能听到普鲁塔克发出的小学生般的傻笑。

尽管其他希腊人将斯巴达女性的裸体视为其行为放荡的证据，但普鲁塔克强调，在斯巴达裸体是"完全合理的，没有任何不道德的暗示"，并且斯巴达鼓励女性养成"简单的习惯"，也就是说，尽量少穿戴女性的装饰品。虽然这似乎很难让人信服，但值得注意的是，现代自然主义者们同样宣称他们的裸体行为完全与"性"无关。

话多的女人

斯巴达妇女之所以容易招致骂名，是因为她们不仅乐于暴露在世人眼前，还喜欢四处广发言论。古代有记录的斯巴达妇女的言论不少于 40 条，几乎占所有保存下来的斯巴达言论的 10%。也许斯巴达妇女言论中最著名、最富有启发性的一句话要归功于列奥尼达强悍的妻子戈尔歌〔这个名字恰如其分，来自于神话中的恐怖蛇发女妖戈尔贡（Gorgon），其可怕的面容将看到它的男人变成了石头〕。当一位雅典妇女问及为什么斯巴达妇女是希腊唯一能够支配男人的女人时，戈尔歌回答说："因为我们是唯一可以生育真正男人的女人。"斯巴达妇女的大部分言论是针对能否达到斯巴达母亲标准的训诫。据说有一位斯巴达母亲竟然用屋顶的瓦片砸死了自己的儿子，原因是他的战友都战死沙场，而他却活着回到了家中。普鲁塔克甚至收录了一首短诗，记录一位斯巴达母亲杀死自己的懦夫儿子，诗句写道："违背我们法律的罪人，被自己母亲杀死的玛特里乌斯（Damatrius），是一个斯巴达年轻人，他的母亲也是斯巴达人。"一个斯巴达小伙子曾经向母亲抱怨他的剑太短，母亲直截了当地回答，那是因为他离敌人还不够近。虽然许多这类故事几乎可以肯定都是虚构的，但它们恰当地反映出斯巴达妇女逐渐形成的可怕的名声。

斯巴达妇女话多的形象与希腊世界的其他地方形成了鲜明对比，尤其是雅典，那里妇女的生活环境相对封闭一些。索福克勒斯在他的戏剧《埃阿斯》（*Ajax*）中写道："沉默可以让女人增光添彩。"一位富有的雅典名流伊斯霍马霍斯（Ischomachus）对苏格拉底说："我密切地监视妻子的一举一动，让她尽可能地少听少说。"伊斯霍马霍斯死后，其寡妻被自己的女婿勾引，一度引起了极大轰动。雅典政治家伯里克利宣称一个女人最大的荣耀是"无论好坏都不被男人谈论"，此言论并未受到指责，难怪斯巴达妇女会同时引起崇拜者和批评者的注意。

戈尔歌口中所说"斯巴达女人统治着她们的男人"，这与普鲁塔克所说的斯巴达男人"总是服从于他们的妻子"相吻合。这也印证了亚里士多德的控诉，称吕库古对妇女"完全袖手旁观"，允许她们过着"毫无约束"的生活，以至于斯巴达简直变成了一个妇女当政的社会。亚里士多德甚至不无讽刺地指出，如果斯巴达人多一些鼓励同龄人之间的同性之爱，他们就可以克服当前泛滥的女性影响。鉴于他在其他场合声称"沉默是女人的荣耀"，亚里士多德不为斯巴达女性的热情大胆所动也就不足为奇了。但我们在阅读亚里士多德时也需要注意，因为普鲁塔克明确否定了他关于斯巴达妇女的主张，认为吕库古实际上已经"尽最大可能对妇女予以关注"。遗憾的是，普鲁塔克对亚里士多德的批评并非出于他对妇女的开明态度，因为他在其他场合对新婚丈夫建议道："妻子应该只对她的丈夫或通过她的丈夫说话。"

妻子和母亲

戈尔歌的豪言壮语实际上暴露了一个残酷的事实，即尽管斯巴达妇女表面上获得了解放，但她们的主要作用还是为斯巴达男人生儿育女。色诺芬将斯巴达与希腊世界的其他地方进行了对比：其他地方的女孩大都过着一种"类似手工业者的典型的静态生活——保持安静，专心刺绣"，而在斯巴达，吕库古下令由奴隶纺线织布，自由民的妇女应该专心进行体能训练，为日后成为母亲做好准备。斯巴达女孩的结婚时间通常也比雅典其他地方的女孩要晚（雅典女孩一般在接近青春期时结婚），他们的想法是，如果女孩在身体最强壮的时候结婚，将有助于生产出"强壮"的孩子。为了确保妇女能够履行生育义务，斯巴达人甚至实施了一项特别法律来惩罚成年的单身汉，迫使他们在深冬时节在市场上裸体游行，同时唱着关于他们如何受到公正惩罚的歌曲。这种游行可能发生在某个节日期间，据说在这个节日里，斯巴达妇女会把未婚男子拖到祭坛周围，并用棍子击打他们，直到他们坠入爱河并与之结婚。

据普鲁塔克记载，"女祭司"（*hiereiai*）可以像在战斗中死亡的男人一样拥有墓碑。由于已经在斯巴达的纪念碑上发现了"死于分娩"的字样，一些现代学者主张将普鲁塔克所说的"女祭司"修改为"死于分娩的妇女"。一些专家甚至将此作为证据，证明在生育新一代斯巴达战士的过程中死于分娩相当于在战斗中"壮烈牺牲"。但古文字学家坚持认为，没有必要对普鲁塔克的"女祭司"进行修改，还有一些学者质疑斯巴达人是否会以此区别对待那些实际上没有尽到生儿育女义务的妇女。我倾向于认同那些学者的意见，他们认为"女祭司"一词在斯巴达是指具有"特殊功绩"的人，而死于分娩的妇女正好属于这一类型。柏拉图和亚里士多德都记述说，当斯巴达人赞扬一个好人时，他们会说他是"神一样的人"。

具有讽刺意味的是，斯巴达不寻常的性行为可能实际上阻碍了斯巴达妇女发挥生育的作用。我们已经知道的是，斯巴达劝阻丈夫不要与妻子过于频繁地同房，显然这不利于生儿育女。但也有其他一些特殊情况，比如普鲁塔克曾指出，斯巴达新娘会"被强行带走"，而且在婚礼当天，她会被剃光头发，并被迫穿上男性服装。一些现代学者认为，她们的男性化装扮是为了激起那些习惯于男性伙伴的年轻丈夫的激情。但一位现代专家认为（我也赞同这一看法），剪掉新娘的头发是为了使其失去可能吸引男人的"魔力"。色诺芬指出，在斯巴达，男人如果被人看到进出妻子的睡房是可耻的事情，所以丈夫想要同房时必须晚上偷偷溜进卧室。人类学家注意到南美洲的土著部落也有类似的做法。普鲁塔克甚至声称，妻子在婚后多年都没有在白天见到过自己的丈夫，这在斯巴达是很常见的现象，但这一说法肯定有夸张的成分。

海伦的兄弟卡斯托尔（Castor）和波吕克斯（Pollux）——二人也被称为狄俄斯库里兄弟（Dioscuri）或"双子神"（Twingods）——为上述行为提供了一个神话中的先例：他们绑架了琉喀波斯（Leucippus）的女儿们，而她们已经与美塞尼亚的王子伊达斯（Idas）和林科斯（Lynceus）订婚，这也是斯巴达人和美塞尼亚人之间民族仇恨的神话根源。我们在历史上有一个可靠的案例：希罗多德告诉我们，列奥尼达的共治国王列乌杜奇戴斯憎恨他的表弟戴玛拉托斯，因为这位表弟偷走了列乌杜奇戴斯的未婚妻培尔卡洛斯（Percalus，这个名字的意思就像这个人一样"非常美丽"），并且真的把她带走了。培尔卡洛斯究竟是否被诱拐还有待证实，但也可能是戴玛拉托斯把一个纯粹象征性的"抢新娘"仪式变成了现实。另一种可能性是，戴玛拉托斯抓住培尔卡洛斯为人质，想借此提出"更高的索求"。

士麦那（Smyrna）的赫尔米普斯（Hermippus，公元前 3 世纪）描述了斯巴达人一种颇为奇特的快速约会方式：把未婚女孩与符合条件的年轻男子关在一个黑屋子里，每个男子抓到哪个女孩就必须娶那个女孩为妻。许多现代专家认为这只是一个其他希腊人口口相传的典型的斯巴达传奇故事。但还有一些学者认为，赫尔米普斯的描述可能表明，男女婚配在斯巴达存在两种不同的做法，一种针对较为富裕的斯巴达人，比如列乌杜奇戴斯和戴玛拉托斯，另一种针对较贫穷的斯巴达人，他们在寻找配偶时也要经历重重困难。在斯巴达流传着这样一个说法，少女的嫁妆是斯巴达人所珍视的"自控力"品质，或者是来自于父亲的理智，这表明拿不出嫁妆的贫穷家庭的斯巴达女孩需要努力争取去寻找丈夫。后来也有其他资料表明，男人如果与没有嫁妆的少女结婚可以免于纳税。上文所讲的在黑暗中"抓"新娘的仪式还有一种解释，即这些单身汉都是希望在社会阶层中往上爬的"养子"。根据赫尔米普斯的说法，斯巴达人对吕山德（据说是个"养子"）进行了处罚，处罚的原因是他试图把在黑暗中抓到的女孩换成更漂亮的女孩。

在较贫穷的斯巴达人中，分享妻子或"一妻多夫制"（*polyandry*）显然非常普遍。色诺芬告诉我们，如果一个斯巴达男人不想结婚，但又想有孩子，那么他与"任何有生育能力的女人"生孩子都是合法的，只要他得到对方丈夫的同意。色诺芬还透露说，如果一个年长的男人有一个年纪轻、好生养的妻子，他可以把她"介绍"给一个他欣赏的身体好、品德高的年轻男子，以达到生育后代的目的。波利比乌斯（Polybius，约公元前 200～前 118 年）甚至声称，三四个斯巴达人共享一个妻子是"常见的习俗"。难怪一个斯巴达人在被问及有关斯巴达通奸的法规时竟然回答说:"但在斯巴达怎么会有通奸者呢?"

富裕的斯巴达人实行内婚制(即近亲结婚),甚至允许同母异父的兄弟姐妹之间结婚,不过同父异母的兄弟姐妹之间结婚还是非法的。在斯巴达,我们见过太多内婚的例子,这一现象非常普遍。最典型的是列奥尼达与他同父异母的兄弟克列奥麦涅斯的女儿结婚。鉴于列奥尼达和戈尔歌之间的年龄差距,列奥尼达在娶戈尔歌之前要么是鳏居,要么是在我们不知道的情况下离婚,更有可能的情况是,列奥尼达一直等到戈尔歌成年才结婚,这样两个家庭的财富就可以合二为一。列奥尼达和克列奥麦涅斯的父亲阿那克桑德里戴斯(Anaxandridas)娶了自己姐姐的女儿。我们知道的是,当她没能为他生出一个继承人时,监察官们坚持要阿那克桑德里戴斯再找一个妻子,但被他拒绝了。双方达成妥协,阿那克桑德里戴斯合法地重新结婚。他的新妻子立即怀上了克列奥麦涅斯,谁知不久后他的第一个妻子也怀孕了。新妻子的亲属们强烈抗议,所以当第一任妻子生下多利欧斯(Dorieus)时,监察官们一直密切关注，确保没有发生欺骗行为。阿那克桑德里戴斯与第二任妻子仅生下克列奥麦涅斯一个孩子，但他的第一任妻子不仅生下了多利欧斯，还生下了列奥尼达和克利奥布罗托斯（Cleombrotus），可见阿那克桑德里戴斯与第一任妻子之间是有真感情的。尽管如此，阿那克桑德里戴斯拒绝与她离婚，其中部分原因肯定是希望将她的财富留在自己的家族之中。

令人沮丧的是，对于那些想把斯巴达妇女视为女权偶像的人来说，斯巴达妇女在婚后的积极作用似乎出现明显消退。虽然阿里斯托芬描写了像拉姆皮托这样成熟的斯巴达妇女像年轻女孩一样的行为，但她们的体育活动很可能在结婚后就结束了。赫拉克勒斯·兰博斯披露道："斯巴达妇女的世界是被剥夺基本权利的，比如她们不允许留长发，也不能佩戴黄金饰品。"斯巴达的已婚妇女甚至要像其他希腊妇女一样戴着面纱。据说，当被问及为什么斯巴达女孩不戴面纱，而已婚妇女却要戴面纱时，斯巴达国王查里勒斯（Charillus）说："因为女孩需要找到丈夫，而已婚妇女必须留住丈夫。"可悲的是，这表明斯巴达已婚妇女的日常生活可能与其他雅典妇女的隐居生活一样受到限制。

继承权和地位

亚里士多德认为斯巴达妇女在某种程度上可以随心所欲的原因之一，是与人类历史上的大多数妇女不同的，她们自身能够拥有地产。其他希腊妇女只有在她们是唯一继承人时才能继承土地，即便如此也只是一种象征性的表示，直到她们与最近的男性亲属结婚，才能通过限定继承的方式获得部分遗产。但斯巴达的女性可以与她们的兄弟一起继承财产，而且近亲与唯一的女继承人结婚在斯巴达似乎不合规范。富有的斯巴达寡妇可能因为经济上的独立而避免再婚。随着公元前 5 世纪后期斯巴达公民人数的减少，富有的斯巴达寡妇的比例有所增加，这可能会导致出现更多女性占主导地位的家庭，也许可以解释为什么有这么多斯巴达男孩受母亲控制的故事。富裕的斯巴达妇女还能够为较贫穷的男性亲属提供经济援助，这可能使一些妇女对男性的影响力进一步提升。一夫多妻制可能也导致一些斯巴达妇女同时控制（至少是影响）多个家庭。

一些斯巴达妇女能够利用她们的财富和地位侵入传统的男性领域，甚至在奥林匹克运动会上与男性进行战车比赛，尽管她们是通过代理人参赛，因为妇女不能亲自参加比赛。按照规定，马匹的主人不需要到场参加比赛。有一个著名的故事：公元前356年，马其顿的菲利普（Philip of Macedon）得知他在奥林匹克战车比赛中获胜，而当时他正在佩拉（Pella）的家中，他的儿子——未来的亚历山大大帝（Alexander the Great）——就在这一天出生。阿格西劳斯的妹妹西尼斯卡（Cynisca）在公元前396年和公元前392年先后两次赢得了奥林匹克运动会驷马战车比赛的冠军。西尼斯卡在奥林匹亚建立了纪念碑，并在碑文中骄傲地宣称："我的父亲和哥哥都是斯巴达的国王。我，西尼斯卡，带着快马战车赢得了胜利，并且竖立此碑。我宣布，我是整个希腊唯一一位赢得这顶桂冠的女人。"斯巴达人甚至在神圣的海伦神殿附近为西尼斯卡划定了一块圣地。另一位斯巴达妇女尤利里奥尼斯（Euryleonis），在公元前 368 年的奥林匹克双马战车比赛中赢得胜利。为了纪念她的杰出成就，斯巴达人在卫城为尤利里奥尼斯建起一座雕像，这一般是庆祝男性成就的典型方式。

妇女当政？

亚里士多德认为斯巴达是一个妇女"统治"男人的女权政治社会，这一观点引起了许多现代评论家的注意，特别是女权作家，他们试图将斯巴达描绘成某种女权主义的乌托邦。但现实情况并非如此乐观。一个典型的例子是西尼斯卡在奥林匹克的历史性胜利。西尼斯卡需要通过她的男性亲属向世人介绍自己；更令人沮丧的是，据色诺芬说，西尼斯卡的哥哥阿格西劳斯鼓励她参加比赛，原因是他注意到一些斯巴达人以养马为荣，于是他希望通过西尼斯卡的参赛向人们证明，"这项活动并不能证明个人的优秀，只是有钱没地方花的结果"。因此，当西尼斯卡夸耀自己的马术成就时，据说她的亲哥哥却贬低她是空虚的财富展示。

现代学者也对关于斯巴达妇女的许多观点的历史真实性表示怀疑，这实际上是对"女人统治男人"观点的有力回击。近年来，有一句标志性的名言受到学者们的普遍批评：一位母亲劝告她的儿子从战场回来时，要么带着盾牌，要么躺在盾牌上（她的原话是"带上这个，或者躺上这个"，凸显出斯巴达人说话的简洁有力）。在著名的电影《斯巴达300勇士》中，戈尔歌在向列奥尼达告别时把这句话送给了他。从这句话中我们不难看出，斯巴达人从战场上回来时应该带着自己的盾牌（因为在整个希腊世界，丢掉盾牌都是懦弱的表现），或者从战场上躺在盾牌上被人抬回来，也就是说，要么凯旋，要么战死沙场。但现代专家经常否认这一说法的历史真实性，因为在战斗中倒下的斯巴达人不会被带回家乡埋葬，而是被埋在战场附近的公墓之中。不过，持这种观点的学者可能在解

释时过于咬文嚼字了。色诺芬告诉我们，有一群斯巴
达士兵被称为"执盾手"，他们专门负责用盾牌作为
担架将伤员和死者从战场上抬回营地。因此，上面这
句名言就可以解释得通了："带着盾牌或躺在盾牌上
回到营地"。

在战争中，尽管斯巴达妇女接受了体能训练，但
她们发挥的作用甚至还比不上希腊其他城邦里隐居的
妇女。有时候，其他希腊妇女的确可以在战斗中发挥
很大作用，比如她们在围攻期间"看守"城墙，用石
头和破碎的瓦片向围攻者抛射。据说在约公元前494
年，斯巴达人在攻占阿尔戈斯城的过程中，甚至被女
诗人泰勒希拉（Telesilla）领导的阿尔戈斯妇女的英
勇反抗所挫败。但斯巴达没有城墙，这使斯巴达妇女
无法在战斗中发挥传统的女性作用。公元前362年，
当斯巴达被底比斯人入侵时，是斯巴达的男孩和老人
把投掷物扔向敌人，而不是妇女。亚里士多德明确批
评了斯巴达妇女不仅未能提供帮助，而且恐慌的妇女
产生的骚动严重阻碍了斯巴达人的军事行动。但是，

斯巴达人似乎是有意拒绝妇女提供帮助，因为她们的主要作用是孕育下一代斯巴达人。斯巴达男人可以在战斗中冒着生命的危险，但斯巴达妇女必须确保安全，才能生育更多的孩子来接替那些为斯巴达献身的男人。也有人认为，亚里士多德可能搞错了，斯巴达妇女的骚动不是出于害怕，而是因为她们对于没有机会提供帮助感到沮丧。近一个世纪之后，当伊庇鲁斯（Epirus）的皮拉斯（Pyrrhus）率军入侵斯巴达时，斯巴达的少女和妇女们坚持要帮忙：她们和老人一起在城市周围挖掘防御沟渠，有些人把长袍搭在腰间，有些人更是穿着短裤上阵。

一位现代专家最近提出，与其说斯巴达妇女统治了她们的男人，不如说她们对男人进行"评判"，既提供了"赞美的润肤剂"，又提供了"辱骂的刺痛感"。这一观点本身就说明斯巴达妇女具有相当大的影响力，给予或不给予男人赞美为她们提供了一种社会控制的形式。斯巴达并非妇女当政，但斯巴达妇女确实在整个社会留下了深深的印记。

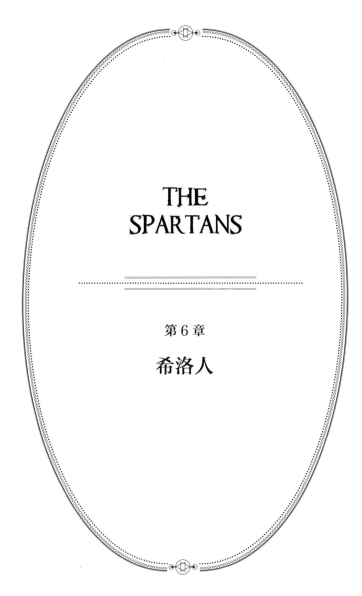

THE SPARTANS

第 6 章

希洛人

希洛人对于斯巴达人生活方式的重要性不言而喻。简单地说，在拉科尼亚和美塞尼亚，对希洛奴隶劳工的剥削使得斯巴达人成为现代学者所说的"在外地主"（absentee landlords），他们不需要守在土地上，而是可以自由地追求斯巴达绅士般的生活。这就是为什么雅典的斯巴达崇拜者克里底亚认为，斯巴达是一个你可以找到"最自由的人"和"最不自由的人"的地方，也就是指斯巴达人和希洛人。尽管希洛人对斯巴达社会非常重要，但我们对他们却知之甚少。事实上，最近的一项现代研究指出，希洛人已经被彻底从历史中抹去，没有一个希洛人的名字，甚至没有一句希洛人说过的话得以保留。当然这一说法未免过于夸张。

柏拉图曾写道："斯巴达的希洛制（Helotry，即奴隶制）实际上是希腊讨论最多、最富有争议的话题，有人赞同这一制度，也有人批评它。"时至今日，奴隶制也许仍然是关于斯巴达讨论和争议最多的话题。但今天的争论并不在于对奴隶制究竟应该推崇还是批判，而在于斯巴达人与他们所剥削的希洛人之间关系的实质究竟为何。是如一位现代学者所说的，希洛人是一座随时准备爆发的充满愤恨的"人类火山"，还是像另一位学者所说的那样，希洛人表现出了"相当程度的默认和顺从"？

现代争论的焦点围绕修昔底德提出的看似明确的意见，即"斯巴达的政策一直是由是否需要对希洛人采取预防措施所决定的"。这句话使一些评论家认为斯巴达的历史从根本上是由斯巴达人和希洛人之间的"阶层斗争"塑造而成的，并且斯巴达的整个生活方式都是为了对抗"希洛人的威胁"。这种观点认为征服美塞尼亚对斯巴达人来说就像一把双刃剑：斯巴达人就像斯堪的纳维亚神话中的龙形巨人法夫纳

（Fafnir），法夫纳为了保卫偷来的黄金而把自己变成了一条龙，结果却无法享用这些宝藏。

但最新的学术研究表明，斯巴达人是在征服美塞尼亚几代人之后才真正形成了自己独特的生活方式，这完全破坏了法夫纳式的斯巴达社会形象。此外，修昔底德的关键论断也可以翻译为"大多数斯巴达人与希洛人的关系属于预防性质"，从而使对斯巴达人与希洛人关系的解读少了一些敌意。没有人会否认斯巴达人和希洛人之间存在的敌意。但是，斯巴达国家的规模之大，以及大多数斯巴达人不得不留在斯巴达城内的事实，无疑会导致一些现代学者提出质疑，即如果斯巴达人与希洛人之间的关系如此敌对，那么为什么很少有证据表明希洛人在积极地反抗他们的主人呢？正如最近我的一个学生做出的生动描述：希洛人的火山似乎大多数时间都处于休眠状态。尽管如此，斯巴达人对希洛人的残酷迫害仍然是不可否认的事实，这也是本章将反复出现的主题。

农业劳动者

希洛人主要为他们的斯巴达主人从事农业生产，为他们提供大麦、葡萄酒、橄榄油、奶酪和猪肉等农产品，以满足他们加入公共食堂的月贡需求。亚里士多德曾直言不讳地说："希洛人完全是为了斯巴达人的利益去耕种土地。"克列奥麦涅斯对此持类似观点，他认为荷马是"斯巴达人的诗人"，热衷于讲述阿喀琉斯（Achilles）、埃阿斯、奥德修斯（Odysseus）和赫克托尔（Hector）等勇士的故事；赫西奥德（Hesiod）则是"希洛人的诗人"，他写了一首关于日常和农业生活的著名说教诗《作品与日子》(*Works and Days*)。

我们掌握的一些资料显示，希洛人需要从他们耕种的土地产出中交出"固定的份额"(*apophora*)，但也有其他资料显示，希洛人需要按一定的"比例"(*moira*)上交生产所得，即"分成租赁制"(share-cropping)。"份额"和"比例"之间不仅存在语义上的区别。就"份额"而言，普鲁塔克曾提供了一个例子：斯巴达公民需要向公共食堂缴纳约 3000 公斤大麦，此时如果采取"固定租金"的形式将会更加易于管理，因为斯巴达的地主不需要担心他们的希洛奴隶会隐瞒产出量，也不需要激励希洛人生产足够的产品来满足需求。此外，在产量低下的年份，固定租金对希洛人来说可能是灾难性的，因为他们的主人肯定会首先满足自己的需要，以来维持自己的公民身份。我们只需要想一想 19 世纪 40 年代灾难性的爱尔兰大饥荒便不难理解，当时土豆歉收导致约 100 万爱尔兰佃户活活饿死，另有 100 万佃户被迫移民，而他们的英国和英裔爱尔兰地主仍然可以从庄园中出口其他粮食产品以获取利润。

如果希洛人需要上交的数量按比例计算，例如提尔泰奥斯所说的 50% 的比例，那么在歉收年，希洛人和他们的主人都会受到影响。但是，只要收获的农产品足够让希洛人生存，那么在这种制度下，严重作物歉收的后果对斯巴达的地主而言可能比对希洛人更具破坏性。因为奴隶尚可勉强度日，地主则会由于未履行公共食堂的缴纳义务而被降级为"下等人"。因此，斯巴达人似乎更有可能要求希洛人至少交出公共食堂所需的数量。

重要的是要考虑到希洛人的数量，因为他们的数量优势有效地制约了斯巴达的人口规模和繁荣程度。多年以来，现代人对希洛人数量的估算从 37.5 万到 14 万不等，希洛人与斯巴达人的比例从 7∶1 到 20∶1 不等。但这些数字大多只是猜测，因为没有任何现存资料提供关于希洛人数量的证据。然而，近年来，一些学者试图通过现代希腊人口的普查数据、对拉科尼亚和美塞尼亚土地使用情况的考古学调查以及对古地中海耕地实践的最新研究，来确定斯巴达可耕土地究竟能养活多少斯巴达人和希洛人。对于这种定量分析学界尚未达成共识，但暂且抛开方法和结论的差异不谈，这些研究表明，斯巴达人拥有的可耕土地达到 115000 ～ 145000 公顷，每个斯巴达人平均拥有的土地面积约为 20 公顷（尽管不一定是独立的地块）。虽然斯巴达人拥有的土地规模比典型的古希腊家庭农场的规模要大得多，但模型测算结果表明，斯巴达人拥有土地所能养活的希洛人口要远远少于此前的估算，大约在 7.5 万至 12 万之间，其中可能只有 3.5 万至 5.5 万成年男性。

目前尚不清楚斯巴达人如何管理地产。现代学者一致认为，斯巴达人在拉科尼亚的地产相对容易管理，因为这些地产主要位于构成斯巴达"城镇"的村庄附近。但他们在美塞尼亚的地产与斯巴达相隔泰格特斯山脉（海拔 2404 米），因此较难定期检查和管理。由于斯巴达人的公民身份取决于他们对这些遥远地产的有效管理，大多数现代学者都认为斯巴达人专门指派了管理人员负责监督他们的希洛奴隶。亚历山大的赫西基奥斯（Hesychius of Alexandria，5 或 6 世纪）对"希洛人领导者"（mnoionomoi）和"奴隶集体"（mnoia）等术语的记录似乎证明了这一观点。大多数现代专家认为赫西基奥斯的"希洛人领导者"实际上由希洛人自己担任，他们在当地与奴隶主进行所谓的"特权合作"，以确保斯巴达人地产的平稳运作。

一个类似的例子发生在内战前的南卡罗来纳州，一些"在外地的"白人奴隶主通过奴隶"领班"来监督他们同伴的活动，这样就不需要专门雇佣白人工头。还有一些专家提出，斯巴达人会雇用附近的边民来监管他们的地产。

做好战斗的准备

在斯巴达，一些由希洛人从事的家务劳动在其他地方是由"动产奴隶"甚至是贫穷的自由民妇女来完成的。因此，我们得到的资料显示，希洛男子会担任一个家庭的管家，希洛妇女当奶妈、做衣服（这项工作在希腊其他地方通常由妻子和未婚的女儿来承担），甚至担任斯巴达王后的侍女。

斯巴达人在战争中也充分利用希洛人参战。我们已经知道的是，列奥尼达及其300勇士作战的温泉关战场上也有希洛人的身影。据希罗多德记载，斯巴达人在次年夏天的普拉提亚战役中带领35000名希洛人与他们一起作战。希罗多德明确指出，这些希洛人不像在温泉关战役中作为随从出现，他们这次"做好了战斗的准备"。其中有些人肯定在战斗中丧生，因为希罗多德告诉我们，斯巴达人为战死沙场者分别建立了纪念碑，两座为斯巴达人而建，一座为希洛人而建。

让希洛人作为士兵参战，表明斯巴达人对他们有一定程度的信任，但这绝对不应该被视为斯巴达人对希洛人的忠诚感到乐观的证据。克里底亚提到斯巴达人极度不信任希洛人，他们在家中会把臂带（*porpax*）从盾牌上取下，以防止希洛人用盾牌对付他们。虽然色诺芬对这一情况没有记录，但斯巴达人对希洛人可能造成麻烦的恐惧，有助于解释为什么斯巴达人把他们的军营设置成一个面朝内部的圆圈，而不是对外朝向敌人，这实在令人匪夷所思。

希洛式奴隶制

关于希洛人的实际地位目前众说纷纭，没有明确的解释。希洛人做的是奴隶的工作，但他们通常不被称为"奴隶"（*douloi*），这是希腊人对奴隶的一般称呼。尽管如此，斯巴达和雅典之间签订的所谓《尼西阿斯和约》（Peace of Nicias，公元前 421 年）中有这样一项条款："如果奴隶人口发动起义，雅典人应全力帮助拉西代梦人。"除此之外，色诺芬将希洛人与马匹和猎犬一起归入"四足爬行动物"（*tetrapoda*）的类型，这表明他对希洛人的看法与其他希腊人对动产奴隶的看法相同，都是作为"像人一样行走的动物"（*andrapoda*）看待。

他们的名字"希洛人"（helots 实际上是 *heilôtai*）可能来自希腊语动词 *haliskomai*，意思是"带走"；也可能与古北欧语的"seil"有相同的印欧语源，意思是"绳子"或"枷锁"，因此希洛人就成为"隶农"。以上两种说法都比较符合希洛人原本作为战俘的起源。我们可以有把握地排除一种古老的观点，即认为希洛人来源于公元前 8 世纪反抗斯巴达失败的拉科尼亚群体"赫洛斯"（Helos），因为这里的"Heilos"需要加上双元音 ei 成为"Heilos"才符合这一说法。

一些资料将希洛人称为"公共奴隶"（*dêmosioi*）。斯特拉博（Strabo，公元前64年～公元24年）就曾指出，解放希洛人或将他们卖到斯巴达境外是非法的。这促使一些现代专家认为，希洛人是由斯巴达国家所有而不是他们的斯巴达主人所有。其他消息来源声称，希洛人的地位"介于自由人和奴隶之间"，这使得一些历史学家将希洛人视为"农奴"，就像现代早期俄罗斯的农奴一样，可以在不同地产之间流动，转换职责（比如承担家务），或者被奴隶主买卖。

由于不清楚斯巴达人是否也拥有从事家务劳动的普通动产奴隶，因此希洛人的地位仍然无法得到清晰描述。有些资料在提到斯巴达的家仆时，使用的是家庭奴隶的通用术语，如 *oiketês*，但有时候却明确指出这些家仆是希洛人。例如，据希罗多德的记载，阿里斯通（Ariston）的儿子戴玛拉托斯出生的消息是由"家里的一个人"告诉他的，这个人可能是指一个普通的奴隶，一个扮演奴隶角色的希洛人，或者严格来说甚至是一个自由民；但希罗多德明确地告诉我们，负责看守疯狂的克列奥麦涅斯的"家庭成员"是一个希洛人。当然这种区分可能是没有必要的。阿里安（Arrian，约86～160年）声称，在斯巴达没有人是严格意义上的"奴隶"，因为"希洛人是拉西代梦人之中的奴隶，并做着奴隶的工作"。因此希洛人有可能只是斯巴达版本的动产奴隶。事实上，最近一项关于希腊奴隶制的研究表明，"希洛式奴隶制"（helotic slavery）一词可以作为一个"标尺"来涵盖希腊世界其他地方的类似奴隶制。

漫长的勒索

如前所述，有一个传统说法可以追溯到公元前7世纪的提尔泰奥斯，即认为希洛人是拉科尼亚和美塞尼亚的原始居民，他们被斯巴达人打败并奴役。后来的资料显示这一说法的可信度较高。提奥庞波斯（Theopompus，约公元前380～前315年）曾指出："希洛人这一种族完全处于野蛮和艰苦的状态，因为他们长期遭受斯巴达人的奴役。"从亚里士多德的证词中也可以看出希洛人作为被征服民族的地位，监察官每年都会向希洛人宣战，这样斯巴达人就有理由屠杀他们，而不会招致非法杀戮所带来的宗教污点。

遗憾的是，我们关于斯巴达征服美塞尼亚的唯一叙事来源是在公元前 370 年美塞尼亚的希洛人获得解放之后。新获得自由的美塞尼亚人需要一个故事背景，结果他们创造了一个神话历史，其中将希洛人塑造成一个长期受苦的被征服的民族，最终战胜了他们无情且暴虐的主人。但是这些故事中的大部分内容都不太可靠。许多现代专家甚至质疑，在古代一个民族是否有可能像斯巴达人对美塞尼亚人那样征服并奴役另一个民族。一些学者则认为，如此大规模的奴役在人类历史上是绝无仅有的。但是，尽管听起来很可怕，斯巴达人对美塞尼亚人的奴役在古希腊并非空前绝后。希腊中部塞萨利（Thessaly）的农业工人被称为潘尼斯特（*penestae*，源自动词"辛勤劳作"），据说他们也是被外来者征服的原住民。此外，来自迈加拉的伯罗奔尼撒希腊人在黑海建立了殖民地赫拉克里亚（Heracleia）和潘提卡（Pontica），据说他们征服并奴役了当地的玛利安底诺斯人（Mariandynians），同意不把他们卖到国境之外。

归根结底，我认同现代学者的观点，即认为斯巴达人确实征服了美塞尼亚，但这种征服远比我们资料显示的更加循序渐进。其实争论的焦点可能更多是关于"征服"一词的语义。的确，古代斯巴达人似乎很难（但不是不可能）征服并奴役美塞尼亚的全部人口。但可悲的是，我们似乎也不难想象斯巴达人分阶段地打败并奴役了部分美塞尼亚人。也许美塞尼亚的希洛人是被俘的农民劳工，斯巴达人只是取代了当时已有的美塞尼亚精英阶层，该阶层一直在剥削农民，就像斯巴达人自己在拉科尼亚剥削奴隶劳工一样。另一个说法也值得考虑，对美塞尼亚的"征服"实际上是一个漫长的勒索过程，斯巴达人"每年都会索要战利品"，即50%的土地产出，然后在自己人之间分享，就像希腊神话中的英雄阿喀琉斯、奥德修斯和阿伽门农在特洛伊战争中分享战利品一样。

值得注意的是，据说斯巴达人在控制美塞尼亚长达半个世纪之后，也曾试图奴役他们的北方邻居铁该亚人（Tegeans）。希罗多德记录道，虔诚的斯巴达人询问阿波罗，他们能否征服整个阿卡狄亚（约3000平方公里）。阿波罗拒绝了他们的要求，但承诺他们会"踏上"铁该亚的"美丽平原"，并用绳子丈量土地。斯巴达人听闻此言，兴致勃勃地带着铁镣和枷锁投入战斗，并把战败的铁该亚人锁了起来。这促使一些现代学者猜测，斯巴达人与其说是抢夺土地，不如说是试图抢夺更多的奴隶劳工。但"神谕"经常可能是模棱两可的。斯巴达人最终在所谓的"枷锁之战"（Battle of the Fetters）中败下阵来，其中许多斯巴达人还戴上了他们自己带去的枷锁，被迫作为农业工人在田地里劳作。希罗多德记载称，他在一个多世纪后访问铁该亚时看到了斯巴达人的枷锁，铁该亚人把它献给了雅典娜女神。600年之后，当帕萨尼亚斯访问雅典娜神庙时，他仍然可以看到这些枷锁。虽然斯巴达人试图奴役铁该亚人的行动没有成功，但他们的这一行为表明，他们相信对美塞尼亚的征服是可以复制的。

忠诚或恐惧？

普鲁塔克称斯巴达人对待希洛人的方式是"冷酷和野蛮的"。有时候，他们强迫希洛人喝下大量高浓度的原浆红酒，然后把希洛人带到公共食堂，向斯巴达的年轻人展示醉酒的丑态。在其他场合，希洛人被迫表演可笑的歌曲和舞蹈，这与他们主人庄严的合唱表演形成鲜明对比。普南城（Priene）的米隆（Myron，公元前 3 世纪）记述说，无论希洛人是否做错事情，他们都会受到规定次数的鞭打，并被迫戴上狗皮帽子、穿上皮制背心（*diphthera*）。现代学者有时将这些装扮解释为斯巴达人对希洛人的"兽化"表现。希洛人戴的狗皮帽子或许能做此解释，但皮制背心其实是整个希腊世界的穷困劳工日常穿的衣服。

克里底亚指出，"斯巴达人赋予自己屠杀希洛人的权利"，这几乎可以肯定是指亚里士多德提到的监察官每年对希洛人发动的战争。亚里士多德还指出，参加"秘密行动队"的年轻斯巴达人在田野中穿行，"屠杀所有体格和力量突出的希洛人"，并在夜间猎杀他们在路上发现的任何希洛人。这似乎与米隆的说法相吻合，即斯巴达人将任何"超出奴隶应有的健壮程度"的希洛人处死，甚至对他们的主人进行处罚，因为他们"没有遏制希洛人的旺盛生长"。斯巴达人对希洛人的肆意屠杀与他们在处决自己人时表现出的谨慎形成鲜明对比。修昔底德称斯巴达人通常都很小心，尽量不对同胞采取"无法补救的措施"。

这些杀戮一定会使希洛人感到无比恐惧。但没有什么能比修昔底德讲述的故事更让他们恐惧的了：斯巴达人曾经许诺那些在战争中表现最突出的希洛人要给他们自由，战争结束后却秘密地屠杀了 2000 名希洛人。从同伴中间"脱颖而出"的"幸运的"希洛人戴上花环，围着寺庙唱歌跳舞庆祝他们的解放。但其中没有一个人知道这其实是个测试，斯巴达人认为这些表现突出的人应该是最"勇敢无畏的",因此也最有可能造反。斯巴达人于是把这 2000 希洛人全部杀死,尽管普鲁塔克暗示这场大屠杀是由"秘密行动队"执行的,但修昔底德声称没人知道这群希洛人究竟是如何死亡的。

不过学界对这个冷血残暴的故事还是存在争议的。一些学者怀疑斯巴达人在没有现代技术的情况下能否秘密地屠杀这么多人,尽管把尸体扔进凯亚达斯洞是一种在短时间内消灭数千希洛人的有效手段。其他评论家认为,修昔底德可能是被斯巴达人欺骗了,因为他们希望外人认为这件事是出自他们之手;修昔底德也可能被逃脱的美塞尼亚希洛人欺骗了,因为他们想借此抹黑斯巴达人的声誉。还有一种可能性是,斯巴达人一开始确实打算奖励希洛人并给他们自由,但看到这么多胆粗气壮、具有潜在危险的希洛人自告奋勇,他们临时改变了主意。近一个世纪之后,当底比斯人入侵斯巴达时,他们向那些愿意为他们而战的希洛人承诺要还他们自由,但当看到超过 6000 希洛人响应召唤时，他们顿时陷入恐慌。不管真实情况如何，这个故事无疑反映出斯巴达人和希洛人之间的复杂关系。

普鲁塔克讲述的底比斯人解放美塞尼亚希洛人的故事也许最能说明问题。当时，底比斯人坚持要求一些希洛人俘虏演唱特尔潘德（Terpander）、阿尔克曼和斯本登（Spendon）的歌曲（这些也是斯巴达人喜欢唱的歌曲），但希洛人却拒绝演唱，理由是他们的主人不会同意。希洛人的这一行为被现代学者解释为对主人忠诚或恐惧的"斯德哥尔摩综合征"的表现形式。无论如何，这都显示出斯巴达人长期以来对希洛人施加的巨大的心理压力。

集体起义

虽然现代学者们对于希洛人对他们的斯巴达主人构成的威胁程度存在争议，但不可否认的是，当他们的怨恨达到顶点一定会导致猛烈的反抗。我们已经知道，提尔泰奥斯所写的挽歌是为了激励斯巴达人镇压公元前 7 世纪中期叛乱的美塞尼亚人。提尔泰奥斯在诗中说道，斯巴达人既尝到了胜利的滋味，也品尝了失败的苦果。在我看来，提尔泰奥斯把战败者描述为"重压之下疲惫不堪的驴子"，其目的不是唤起人们对战败叛军的怜悯，而是对可恨的敌人所遭受的痛苦的一种幸灾乐祸。柏拉图抱怨说，希洛人在公元前 490 年背叛了希腊人，他们阻止斯巴达人在马拉松战役（Battle of Marathon）中帮助雅典人，尽管许多现代评论家对这种说法表示怀疑。公元前 464 年，希洛人的"人类火山"终于猛烈地爆发了，一场袭击斯巴达的地震随即引发了长达十年的叛乱，严重动摇了斯巴达社会的统治根基。最后，在公元前 370 年，美塞尼亚希洛人在底比斯人的帮助下成功反叛，并形成了自己的新"城邦"。

无论从哪个角度看，公元前 464 年发生在拉科尼亚的地震以及随后发生的希洛人叛乱，都对斯巴达造成了毁灭性的打击。狄奥多罗斯声称，有 20000 名拉西代梦人在地震和随后的余震中丧生。如果此言属实，那么这个数字中一定包括了妇女、儿童和边民。根据普鲁塔克的说法，几乎所有的斯巴达青年都在体育馆倒塌时丧生（他们的坟墓在普鲁塔克的时代仍然可以看到），而整个斯巴达城除了五座房子之外全部被夷为平地。一些现代学者推测，修昔底德对于斯巴达缺乏建筑宏伟性的指责，可能说明这座城市从未真正从地震中恢复过来。

希洛人们抓住机会集体起义，两个周边城镇的边民也随之而动。我们掌握的资料显示，幸亏国王阿希达穆斯反应迅速，他拿起自己的盔甲，号召斯巴达人群起镇压，最终从成群结队的希洛人手中夺回了斯巴达。这些希洛人从乡下各地聚集过来，目的是消灭幸存的斯巴达人。拉科尼亚的叛乱看似被迅速平息了。狄奥多罗斯说，当希洛人看到阿希达穆斯王组建了一支军队时，他们立刻放弃了攻占斯巴达城的任何希望，并撤退回自己的社区。但美塞尼亚的叛乱绝非一件小事。据希罗多德记载，阿里姆尼斯塔（Arimnestus）曾在公元前 479 年的普拉提亚战役中杀死薛西斯的侄子玛尔多纽斯，而正是他率领 300 名斯巴达人在司铁尼克列洛斯（Stenyclerus）与"美塞尼亚的全部军队"英勇作战，结果却全军覆没，但他们迫使叛军在伊托美山（Mt Ithome）的一个据点掘壕固守。斯巴达人无法驱逐叛军，于是向外人求援。令人惊讶的是，这次求援的对象竟然包括他们的劲敌雅典人。尽管雅典的主要民主派领导人反对援助斯巴达，但将军奇蒙（Cimon）是一位亲斯巴达的保守派政治家——他甚至给长子取名为拉西代梦纽斯（Lacedaemonius，意思是"斯巴达人"）——他极力劝说雅典人在对薛西斯的战争中不要抛弃他们以前的"伙伴"。

但斯巴达人并没有感激雅典人的援助，反而把他们从所有盟友中挑选出来，并无礼地打发了回去。虽然斯巴达人没有说明为什么不再需要雅典人的帮助，但据修昔底德的说法，斯巴达人担心雅典人会受到诱惑而动摇，站在希洛人一边反对他们。一些现代学者推测，斯巴达人认为崇尚民主的雅典人可能会更加同情美塞尼亚体力劳动者的困境，尤其是当他们得知这些希洛人会说希腊语，而不像他们自己的奴隶那样是外来的"野蛮人"时，更会对希洛人心存好感。这一事件摧毁了雅典人和斯巴达人在联手对抗薛西斯的战争中残存的最后那么一点友谊，并使他们之间后来的战争（伯罗奔尼撒战争）几乎不可避免。对伊托美山叛军的围困拖了十年之久，双方最终签署了停战协议才结束这场战争。协议中规定，叛军将离开伯罗奔尼撒半岛且永不返回，如果有任何一个希洛人返回，他将自动成为其捕获者的奴隶——这也对那些怀疑希洛人是否为真正的"奴隶"提供了一个旁证。雅典人将参加暴动的希洛人幸存者安置在希腊中部城市纳帕克特斯（Naupactus），并且向美塞尼亚人示好，由此可见斯巴达人的担心并非毫无道理。

这次叛乱似乎是斯巴达人与希洛人关系中的一个决定性时刻，后来又被美塞尼亚人视为一次全面的民族大起义。普鲁塔克认为，正是在这次叛乱之后才出现了"秘密行动队"这种残暴的做法。一些现代学者则认为，这次叛乱导致了监察官每年对希洛人宣战。如果是这样的话就颇为讽刺了：斯巴达人控制希洛人的企图可能为他们自己埋下了毁灭的种子，因为他们不仅激起了希洛人的敌对心态，而且还培养了美塞尼亚民族的集体身份认同。

半个世纪后的公元前 370 年，底比斯人在留克特拉战役中击败斯巴达人，随后率大军入侵拉科尼亚，此时美塞尼亚人最后一次发动起义，并且这一次他们如愿以偿。底比斯将军伊巴密浓达（Epaminondas）把美塞尼亚居民聚集在一起，为他们划分土地，并建造城池，据说这一切只用了 85 天的时间。新美塞尼亚城邦的建立为斯巴达的统治敲响了丧钟，其中部分原因是许多斯巴达人由于失去了他们在美塞尼亚的地产而在经济上陷入困境，最终导致斯巴达社会结构的整体垮塌。亚里士多德后来写道，斯巴达国家是存在缺陷的，因为它竟然如此"不堪一击"。我们并不清楚亚里士多德指的是斯巴达在留克特拉的惨败，还是指丢失美塞尼亚，抑或两者兼有，但这些打击确实迫使伟大的斯巴达走向终点。事实证明，新美塞尼亚政体的确是斯巴达的眼中钉，一位现代学者便将美塞尼亚希洛人描述为"最终取得胜利的长期失败者"。但我们也应该考虑到拉科尼亚人，他们就没有这样好的结局：以后的许多代拉科尼亚人都处于斯巴达的残酷统治之下。

THE SPARTANS

第 7 章

斯巴达的现代遗产

最后一章主要讨论斯巴达在现代文化中的"接受"问题，我指的是古代关于斯巴达人的证言证词在后世的传播、阐释、表现与重新想象。有关古斯巴达的现代史几乎和古代史一样引人入胜，任何简短的论述都无法全面概括。我的目的是为斯巴达人在近代历史和文化中的深远影响提供一个缩影。

好的、坏的和丑化的

在过去的两千年里，几乎所有人都对斯巴达有或好或坏的看法。斯巴达人甚至出现在某些版本的旧约《马卡比书》（Maccabees）中。据书中记载，公元前3世纪斯巴达国王阿瑞乌斯（Areus）写信给耶路撒冷大祭司奥尼亚（Onias），向他传达了一个惊人的消息："斯巴达人和犹太人是兄弟，并且都是亚伯拉罕家族的成员。"尽管罗马化的犹太历史学家弗拉维奥·约瑟夫斯（Flavius Josephus，37 ～ 100 年）也声称确有此事，但现代学者一般认为这个故事是由公元前 2 世纪的大祭司乔纳森（Jonathan）捏造的，其目的是寻求与斯巴达结成军事联盟来对抗塞琉西王朝（Seleucids）。据说，弗拉维奥·约瑟夫斯的同代人，亲希腊的罗马皇帝尼禄（Nero，37 ～ 68 年）曾拒绝前往斯巴达，因为斯巴达的苦行生活与他奢侈的生活方式格格不入。另一位罗马皇帝图拉真（Trajan，53 ～ 117 年）则利用斯巴达的传奇历史来达到自己的目的，他在准备对帕提亚人（Parthians）发动战争时，恢复了在斯巴达举行的列奥尼达节。异教皇帝"叛教者"尤里安（Julian the Apostate，331 ～ 363 年）竟然坚持认为，吕库古是一个比摩西（Moses）更优秀的立法者，因为他没有摩西那么残忍。图尔主教（Bishop of Tours）圣格里高利（St. Gregory，约 538 ～ 594 年）认为，需要编造一个斯巴达国王，并赋予其罗马人的名字费斯图斯（Festus），这样就能与所罗门王同一时代，由此也能看出斯巴达的传奇地位。

在中世纪，马丁·路德（Martin Luther，1483 ～ 1546 年）注意到斯巴达"铁人"的坚韧。马基雅维利（Machiavelli，1469 ～ 1527 年）则"坚信"，建立一个持久的共和国一定要采取斯巴达人的方式。许多启蒙运动时期的思想家强调他们对斯巴达人及其生活方式的钦佩。让 - 雅克·卢梭（Jean-Jacques Rousseau，1712 ～ 1778 年）在谈到斯巴达时说："人们看到了这座城市的崛起，它因其无知的快乐和睿智的法律而闻名于世，这个共和国由半神而非人类构成。"卢梭的竞争对手加布里埃尔·邦诺·德·马布利（Gabriel Bonnot de Mably，1709 ～ 1785 年）将自己描述为"一个迷失在巴黎街头的朴素的斯巴达人"。画家雅克 - 路易·大卫（Jacques-Louis David，1748 ～ 1825 年）花费多年时间（1799 ～ 1803 年和 1813 ～ 1814 年）潜心创作宏伟巨作《列奥尼达在温泉关》(*Leonidas at Thermopylae*)，只见画面的中心是裸体的列奥尼达，他的眼睛望向天际，显然已经预知自己的命运。画面左侧，一个斯巴达士兵正在悬崖峭壁上刻下那句名言"去告诉斯巴达人"，而其他裸体和半裸体的士兵则抱着或穿上盔甲，为他们的最后一战做准备。

但其他启蒙时代的评论家却对斯巴达人很不服气。伏尔泰（Voltaire，1694～1778年）就曾咄咄逼人地问道："斯巴达对希腊究竟有什么贡献呢？"德尼·狄德罗（Denis Diderot，1713～1784年）贬斥斯巴达人是"拿着武器的僧侣"。当拿破仑（Napoleon，1769～1821年）看到大卫的画作时，他质疑大卫为什么要费心去画那些战败者。美国的许多开国元勋也对斯巴达持批判态度。托马斯·杰斐逊（Thomas Jefferson，1743～1826年）把斯巴达人蔑称为"军事僧侣"，统治着"沦为卑贱奴隶"的希洛人；亚历山大·汉密尔顿（Alexander Hamilton，1755～1804年）则轻蔑地写道："斯巴达比一个管理良好的军营好不了多少。"

英国诗人和政治家理查德·格洛弗（Richard Glover，1712～1785年）深受斯巴达勇士的事迹感动，撰写了一部9卷本史诗《列奥尼达》（*Leonidas*，1737年）。格洛弗的这部作品以荷马史诗中的句子开篇："缪斯啊，请默诵那个著名的斯巴达人的光荣事迹和伟大牺牲，他在温泉关顶住了薛西斯的猛烈攻击，并为拯救他的国家而倒下。"这部著作在当时非常受欢迎，并被四次翻译成德语。拜伦勋爵（Lord Byron，1788～1824年）是一个坚定的斯巴达主义者，尽管他生来就带有残疾。在他的作品《唐璜》（*Don Juan*，1819年）中，拜伦要求三个斯巴达人帮助希腊从奥斯曼土耳其人手中解放出来："大地啊！把斯巴达人的遗骨从你的怀抱里送还！哪怕只有三百壮士中的三个，也会让温泉关大捷再现！"这并不是拜伦的空谈，因为这位诗人曾前往希腊参加了希腊独立战争（尽管他在采取任何实际行动之前就发烧了）。

尽管德国哲学家弗里德里希·尼采（Friedrich

Nietzsche，1844 ~ 1900 年）对斯巴达人好战尚武的野蛮行为感到厌恶，但他同时对斯巴达"多利安人"的身体条件表示赞赏。在德语区，"多利安"和"斯巴达"这两个词后来成为种族纯洁性的同义词。恩斯特·海克尔（Ernst Haeckel，1834 ~ 1919 年）等社会达尔文主义者则将"斯巴达的选择"（Spartan selection）与"自然选择"相提并论。

斯巴达人在现代军事领域享有极高声誉，第一人称射击类电子游戏《光环》(Halo) 系列中的超级士兵代号就是"斯巴达"。

通过两个形容词"斯巴达的"（spartan）和"拉科尼亚的"（laconic），我们已经看到斯巴达对现代英语的影响。但还有其他斯巴达词语也融入英语之中。18 世纪的爱尔兰农民被英国作家轻蔑地称为"希洛人"。19 世纪"oik"一词首次在学校作为俚语，特指那些没有受过教育的"乡下人"，该词来源于英国收费公立学校的富家子弟对"边民"（perioikoi）一词的改编，用来描述生活在他们周围的当地人！这其实不难理解，因为 19 世纪英国和苏格兰众多一流的贵族学校在他们的日常实践中都透露出斯巴达式价值观。比如苏格兰的洛雷托（Loretto）采用了从西塞罗那里借来的拉丁语格言："斯巴达的未来属于你们，美化她吧！"（*Spartam nactus es, hanc exorna.*）

斯巴达人也对德语产生了影响。19 世纪普鲁士士官学校的学生创造了一个动词"spartanern"，表示对痛苦的顽强抵抗，并推崇一种"斯巴达精神"（Spartanertum）。这种对斯巴达精神的推崇在一部 1898 年的儿童小说《斯巴达青年：书信中的学员故事》（*Spartanerjüng-linge: Eine Kadettengeschichte in Briefen*）中也有所体现。小说讲述了 1867～1868 年间普鲁士皇家士官学校学员格哈德·冯·格特温（Gerhard von Gottwein）的故事。正如书名所示，斯巴达人的事迹对学员们影响很深。格哈德在写给母亲的信中说，学员们在历史课上了解到斯巴达"小英雄"偷窃狐狸崽的故事，并且争相用斯巴达式的行为准则来要求自己，比如不准哭泣或搬弄是非。格哈德临死时也表现出真正的"斯巴达精神"，他拒绝告发欺负他的另一个学员，正是他把格哈德锁在冰冷的更衣室里，导致他肺炎发作而死。

斯巴达甚至对现代景观产生了影响。北美各地有几十个社区和数以百计的道路以斯巴达、斯巴达堡（Spartanburg，现称斯帕坦堡），甚至斯巴达斯堡（Spartansburg，现称斯帕坦斯堡）命名，充分说明了北美人对斯巴达人的崇拜之情。1936 年，不列颠哥伦比亚省（British Columbia）一个官方的科学育种计划甚至还研发出一种"斯巴达"苹果，这种苹果鲜艳的胭脂红色使它的名字恰如其分。

斯巴达崇拜

古斯巴达的后期历史往往麻烦重重，原因主要在于公众对斯巴达整体上的粗浅认识、"斯巴达式幻想"持久影响，以及他人对斯巴达的恶意误读。英国诗人约翰·利德盖特（John Lydgate，约 1370 ～ 1451 年）长达 36365 行的精彩插图作品《王子的陨落》(*Fall of*

Princes）最能体现后世作家对斯巴达的误读。作品中描绘了斯巴达国王列奥尼达身穿明盔亮甲击溃波斯骑士的进攻，还有从战场上死里逃生、筋疲力竭的薛西斯，正在一条被波斯人鲜血染红的河流中饮水。列奥尼达的温泉关大捷引出了另一个精彩场景，羞愤难当的薛西斯被自己的手下杀死。

"斯巴达式幻想"的持久影响从下面两个细节可以略知一二：卢梭在《社会契约论》（*Du Contrat Social*，1762 年）中鼓吹"立法者"将是一个"非凡的人"，这是对吕库古的微妙提及；阿贝·德·马布利（Abbé Mably）将斯巴达描述为一首失落的田园牧歌，那里的人们可以免于堕落的危险，因为他们"总是忙于"打猎、拳击和摔跤。深受卢梭和马布利等人的影响，法国革命领袖罗伯斯庇尔（Robespierre，1758 ～ 1794 年）认为，新的法兰西共和国应该像吕库古在斯巴达所做的那样使人类重生，他写道："斯巴达就像无尽黑暗中的一道闪电。"圣鞠斯特（Saint-Just，1745 ～ 1794 年）比罗伯斯庇尔更进一步，他在君主制被推翻后积极倡导吕库古式的土地共享制。遗憾的是，罗伯斯庇尔和圣鞠斯特在有生之年都没能使他们的斯巴达理想变为现实。

现代流行文化中的斯巴达人

斯巴达人对现代流行文化的许多方面都产生了强烈影响，其中最典型的代表无疑要数以温泉关战役为原型改编的卖座电影《斯巴达300勇士》（见图7-1）。该片由扎克·施奈德（Zack Snyder）执导，杰拉德·巴特勒（Gerard Butler）饰演列奥尼达，琳娜·海蒂（Lena Headey）饰演戈尔歌，迈克尔·法斯宾德（Michael Fassbender）饰演虚构的斯巴达战士斯泰利奥斯（Stelios），票房收入高达4.5亿美元。在影片中，杰拉德·巴特勒饰演的列奥尼达将薛西斯派来的珠光宝气的使者踢下深井，并大声疾呼"这就是斯巴达!"，这一经典场面是今天许多人听到斯巴达这个名字时首先浮现眼前的，并催生了成千上万的"网络迷因"。

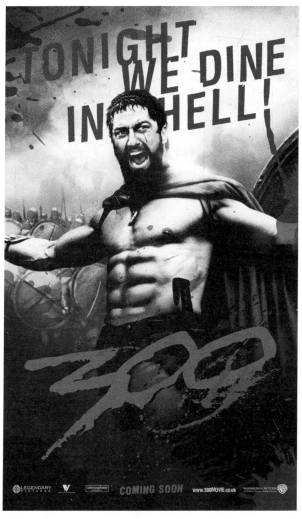

图 7-1　电影《斯巴达 300 勇士》(2006 年) 的海报，华纳兄弟电影公司

《斯巴达 300 勇士》中的斯巴达人都是漫画式人物，这并不奇怪，因为施奈德曾先后执导了五部 DC 漫画旗下的超级英雄电影，而《斯巴达 300 勇士》又是根据弗兰克·米勒（Frank Miller）1998 年的同名漫画改编而成。米勒的同名漫画是不折不扣的史诗：1998 年分五期发行，标题分别是"荣誉""责任""荣耀""战斗"和"胜利"，作品采用优质纸张印刷而成，并且包含由米勒的妻子林恩·瓦尔利（Lynn Varley）亲手绘制的双页精美插图。施奈德选择使用色键合成技术（所谓的"蓝屏"）来拍摄《斯巴达 300 勇士》，这样能更好地将瓦尔利的视觉风格呈现在大屏幕上。米勒的作品本身深受鲁道夫·马特（Rudolph Maté）的"剑与凉鞋"（swords and sandals）史诗影片《三百斯巴达战士》（*The Three Hundred Spartans*，1962 年）的影响，该片由理查德·伊甘（Richard Egan）饰演列奥尼达。具有讽刺意味的是，在本片拍摄的两年之前，伊甘曾在电影《以斯帖和国王》（*Esther and the King*）中扮演亚哈随鲁（Ahasuerus），也就是薛西斯的角色。米勒曾表示，《三百斯巴达战士》改变了他的创作生涯。

　　两个版本的"300勇士"电影中都包含了关于斯巴达的经典语录，部分语录具有一定的历史合理性。例如斯巴达战士狄耶涅凯斯的那句名言"我们就可以在日荫下作战了"，在影片中是从斯泰利奥斯口中说出的。而列奥尼达告诉手下"今夜我们在地狱用餐"，在古希腊历史学家狄奥多罗斯那里可以找到证据。但是，影片的大部分内容都纯属虚构，例如赤膊上阵、身穿皮裤的斯巴达战士，以及将监察官们描绘成"老态龙钟的神秘主义者"。更糟糕的是，影片将埃菲阿尔特斯描绘成一个畸形驼背的怪物，他的父母为了保护他不被弃之荒野而逃离斯巴达。此外，关于影片中那些横冲直撞的战争犀牛，显然就无须多言了！

　　有评论者批评电影和漫画小说都表现出一种懒惰的种族主义，例如将薛西斯——在电影中由罗德里格·桑托罗（Rodrigo Santoro）扮演——描绘成一个珠光宝气、穿着暴露的光头巨人，他还试图与列奥尼达调情；或者把将军海达尔尼斯的"不死军"描绘成戴着闪亮面具、有着锋利牙齿的忍者——这相当奇怪地借用了米勒早期漫威漫画中厄勒克特拉（*Elektra*）的经典形象。但是，将波斯人描绘成憎恨自由的嗜血暴君这一点最让西方和中东的评论家感到愤怒，例如，米勒的漫画小说将波斯人描述为"准备粉碎希腊这个在神秘和暴政海洋中的理性与自由之岛"。

但我们需要记住，《斯巴达300勇士》归根结底是供娱乐消遣的。毕竟，施奈德的上一部电影是2004年翻拍的好莱坞经典僵尸片《活死人黎明》（*Dawn of the Dead*），而米勒可能因"新黑色"漫画小说（1991～1992年）和电影《罪恶之城》（*Sin City*，2005年）而最为出名。我们可以看到，电影和漫画为了取悦观众，都完全忽略了希洛人的存在，并将温泉关战役唯一的幸存者"懦夫"阿里斯托德穆斯改造成一个非典型、唠叨的斯巴达人，这样他回国后就可以用一个"从此以后将在自由人心中燃烧"的故事来激励斯巴达人。历史上的"懦夫"阿里斯托德穆斯因未知的眼疾而拒绝参与决定性的最后一战，而在《斯巴达 300 勇士》中，代表这一角色的迪里奥斯（Dilios）尽管失去了一只眼睛，仍然希望能继续作战。列奥尼达将这种伤患视为一次"擦伤"，并感谢众神把迪里奥斯作为"备用人选"，从而保住了他的性命。小说和电影都以迪里奥斯激励"一万名斯巴达人指挥三万名希腊自由人"在普拉提亚战役中取得胜利而结束。施奈德说，借迪里奥斯之口来讲述这个故事，使故事中的奇幻元素成为可能，并指出"迪里奥斯知道如何不用真相去破坏一个好故事"。我们还应该记住，不仅仅是米勒和施奈德把薛西斯描绘成一个行为怪异、打算奴役希腊的暴君，希罗多德和后来的希腊作家也都是这样做的。

斯巴达人也是许多畅销小说的主题，其中最著名的是史蒂文·普雷斯菲尔德（Steven Pressfield）的《火之门》（*Gates of Fire*，1998 年），该书在全球的销量超过了一百万册。普雷斯菲尔德的小说从一个年轻的阿卡纳尼亚（Acarnania）难民泽克昂（Xeones）的角度讲述了温泉关的故事。泽克昂从小作为"阿戈革中年轻斯巴达人的拳击陪练",在温泉关战役中担任斯巴达战士狄耶涅凯斯的勤务兵。他对斯巴达人无比崇拜,甚至被认为"比斯巴达人更具有斯巴达精神"。泽克昂拒绝了获得自由的提议,毅然穿上重甲步兵的盔甲,与列奥尼达及其部下并肩作战。

普雷斯菲尔德笔下的斯巴达人与现代军人非常相似,小说中甚至还有一个斯巴达版本的《步枪兵信条》[①]:每个斯巴达人都熟练背诵——"这是我的盾牌,我带着它上战场,但它不属于我一个人。它保护着我左边的兄弟。它保护着我的城市。我不会让我的兄弟离开它的遮蔽,也不会让我的城市脱离它的庇护。我将带着我的盾牌死在敌人面前。"难怪《火之门》能够成为美国海军陆战队军官基础训练学校、美国海军学院以及西点军校的固定教材。

---

① 《步枪兵信条》(Rifleman's Creed),亦称"美国海军陆战队信条",第二次世界大战爆发前夕由美国海军陆战队威廉·亨利·鲁珀特斯(William Henry Rupertus)少将创作,从此每一位美国海军陆战队员都牢记这则信条,其开篇第一句是"这是我的步枪"。——译者注

年长的读者可能还记得苏格兰作家娜奥米·米奇森（Naomi Mitchison，1887～1989 年）的短篇小说集《黑色斯巴达》（*Black Sparta*，1928 年）。米奇森一生写了七十多本书，最著名的可能是奇幻小说《玉米王与春女王》（*The Corn King and the Spring Queen*，1931 年）。在《黑色斯巴达》的 13 个短篇故事中，有三个是关于斯巴达人的。其中《克里普提》（*Krypteia*）讲述了斯巴达青年基拉诺（Geranor）残暴地杀害了一个希洛牧羊人，并用更加残忍的手段处决了这个希洛人的小儿子。《迷途的羔羊》（*The Lamb Misused*）讲述了英俊的金发斯巴达人、国王阿希达穆斯的宠儿梅利利亚斯（Melyllias）和他同父异母的兄弟泰勒斯塔斯（Telestas，据说是一个希洛妇女的私生子）逃脱伊托美山的故事。二人的出逃得到了一个希洛女孩阿尔内（Arné）的帮助，阿尔内爱上了梅利利亚斯，然而尽管答应娶她为妻，梅利利亚斯还是违背了诺言，冷酷地将阿尔内嫁给了阿希达穆斯推荐的一个希洛奴隶。最长的故事《黑色斯巴达》围绕着希洛人特拉冈（Tragon），讲述他在童年伙伴、斯巴达人费历达斯（Phylleidas）的帮助下逃脱克里"秘密行动队"成员追捕的故事。

由英国作家基隆·吉伦（Kieron Gillen）创作、瑞安·凯利（Ryan Kelly）插图，乔迪·贝莱尔（Jordie Bellaire）上色的漫画小说《三》(Three)，在将斯巴达的弱势群体塑造成英雄方面更进一步。《三》讲述了三个希洛人逃亡的故事。这三个希洛人分别是强壮但跛脚的克拉罗斯[①]、克拉罗斯的情人达玛（Damar）和骨瘦如柴、伶牙俐齿的"城镇希洛人"特潘德。他们三人被 300 名斯巴达人追杀，原因是他们杀了一小队试图攻击他们的斯巴达人。吉伦的作品是对斯巴达人的蓄意嘲讽，因为他们竟然需要派出 300 名全副武装的战士来追捕三个逃跑的奴隶，最终还不得不使用非斯巴达风格的阴谋诡计，将克拉罗斯驱离他封堵

[①] 克拉罗斯（Klaros）是"斯泰尼克拉罗斯"（Stenyklaros）的简称。公元前 460 年左右，反叛的希洛人在斯泰尼克拉罗斯消灭了 300 名斯巴达人。——译者注

的洞口。除此之外，克拉罗斯身上穿的盔甲是从他杀死的一个斯巴达人那里取来的。吉伦的作品还特意与米勒的作品相呼应，甚至在视觉和故事情节上都表现出一种他所谓的"讽刺性互文"。在这部小说的准备阶段，吉伦阅读了大量有关斯巴达的现代学术研究成果，因此小说中甚至包括了吉伦和著名历史学家史蒂夫·霍德金森（Steve Hodkinson）教授之间的对话文本，以及吉伦自己撰写的"历史的脚注"。我们的原始资料在很大程度上忽略了这些希洛人，米奇森和吉伦则成功地赋予他们名字、声音，甚至面孔。

现代"斯巴达队"

全球各地的运动队伍长期以来一直通过斯巴达的传奇来促进团队精神，如捷克足球队"布拉格斯巴达足球俱乐部"（AC Sparta Prague，成立于1893年）曾33次赢得捷克顶级联赛的冠军；或巴巴多斯的"斯巴达板球俱乐部"（Sparta Cricket Club，同样成立于1893年），其最著名的前球员包括克莱德·沃尔科特爵士（Sir Clyde Walcott）和传奇的快速投球手韦斯·霍尔爵士（Sir Clyde Walcott）。在北美约有 11 所大学拥有号称"斯巴达人"的球队，其中最著名的是密歇根州立大学的校队，他们自 1926 年以来一直被称为"斯巴达队"。密歇根州立大学足球队的吉祥物"斯帕蒂"（Sparty，见图 7-2）是一个肌肉异常发达、下巴格外突出的希腊重甲步兵，讽刺的是它穿戴的不是希腊重甲步兵标志性的头盔，而是罗马帝国军团的头盔。斯帕蒂甚至拥有自己的推特和维基百科页面。美国也有无数的高中球队自称"斯巴达队"，我个人最喜欢的是来自密歇根州斯巴达镇的"斯巴达的斯巴达人队"（Sparta Spartans），他们的标志是一个蓝色的、卡通风格的"科林斯头盔"，球队所在地位于"斯巴蒂大道"上，无不尽显斯巴达风格。甚至连现代的斯巴达——也称斯帕提——也加入了这一行列。斯巴达竞技联盟（Athletic Union of Sparta）成立于 1991 年，目前在希腊乙级联赛中比赛，他们的俱乐部徽章上印有座右铭"Η ΤΑΝ Η ΕΠΙ ΤΗΣ"（"带上它或躺上它"），而他们最狂热的支持者自称"300
勇士"。

图 7-2　密歇根州立大学足球队的吉祥物"斯帕蒂"（2007 年）

　　斯巴达人的传奇形象也被广泛用于现代耐力赛
中，例如自 1983 年起每年举行的从雅典到斯巴达
（现在的斯帕尔蒂）全程长达 246 公里的斯巴达超级
马拉松赛（Spartathlon），该赛事是为了纪念雅典人斐
迪庇第斯（Pheidippides）在马拉松战役中从雅典一路
跑到斯巴达求援的英勇事迹。马拉松赛的终点位于斯
帕尔蒂的主干道尽头，这里竖立着一座列奥尼达的雕

像。此外还有被称为"斯巴达勇士赛"（Spartan race）的耐力赛，2010 年首次在美国佛蒙特州（Vermont）的威利斯顿（Williston）举行，参赛者必须"跑、爬、跳、游"并克服一系列障碍。自 2013 年以来，该活动开始电视转播，现在甚至还有一个每年两次的完全沉浸式训练计划，被称为"阿戈革"。自成立以来，斯巴达勇士赛已在全球 30 个国家获得特许经营权，并催生了美国全国广播公司（NBC）制作的竞技真人秀电视连续节目《斯巴达：终极团队挑战》（*Spartan: Ultimate Team Challenge*，2016 年至今），以及澳大利亚版本的《澳大利亚斯巴达》（*Australian Spartan*，2018 年至今）。

斯巴达的遗产

斯巴达人很可能会对他们的现代遗产感到失望：斯巴达在现代化身为仅供娱乐消遣的血腥电影、足球队吉祥物和关于希洛人的漫画书。他们也许会认为，亚历山大的希腊诗人康斯坦丁·P. 卡瓦菲

（Constantine P. Cavafy，1863 ～ 1933 年）的诗作《温泉关》（*Thermopylae*，1910 年）是对他们生活方式更加恰当的赞誉。该诗作由埃德蒙德·基利（Edmund Keeley）和菲利普·谢拉德（Philip Sherrard）翻译，其开篇诗句写道："荣耀属于那些用毕生造就和捍卫温泉关的人们，他们从未背叛正义之道。"我相信卡瓦菲充满宿命色彩的最后几句——"他们当享有更多荣耀，因为明明知晓（确有先见之明）埃菲阿尔特斯终将背叛，米底人终将攻陷"——必定会深深吸引列奥尼达，因为当被问及提尔泰奥斯是什么样的诗人时，他回答说这个诗人最擅长鼓励年轻人英勇赴死。

致　谢

任何一本书在完成之时都有许多需要感谢的人，这本书也不例外。首先，我要感谢安德里亚·基冈（Andrea Keegan）给我写这本书的机会，感谢珍妮·努格（Jenny Nugee）在整个写作过程中的协助。我还要感谢多位匿名读者对本书提案和草稿给予的清晰、有益的反馈。

第二，我要感谢从事斯巴达研究的同行们，我全身心地投入你们的专著、书籍章节、期刊文章、会议论文和公开演讲中，并试图将如此庞大的学术成果浓缩成短短的 200 页。我特别感谢安东·鲍威尔（Anton Powell）、史蒂夫·霍德金森（Steve Hodkinson）、汤姆·菲盖拉（Tom Figueria）、保罗·克里斯特森（Paul Chritesen）、艾伦·米伦德（Ellen Millender）和奈杰尔·肯奈尔（Nigel Kennell）对本书以及相关研究项目的鼓励、支持和认真的反馈。

　　我还要感谢伯明翰大学的同事们一直以来给予我的鼓励和支持。当时我刚完成一本关于雅典的书，随后便效仿亚西比德，转而投奔斯巴达，谁能想到这一举动竟会产生如此有趣的结果！我还要感谢所有选择与我一起做斯巴达相关论文的学生，以及自 2008 年以来参与我的斯巴达相关项目的所有学生。我希望所有那些关于斯巴达教育、军事组织、信仰、饮食、女性和希洛人等不同主题的讲座，能够像我的作品一样令人受益匪浅。

　　我也非常感谢雅典英国学校图书馆的工作人员，这本书的很大一部分内容是在那里完成的。我要感谢牛津和雅典多家咖啡馆的咖啡师，他们为我提供了急需的咖啡因，让我有足够的能量去艰难地遣词造句。

　　最后，我要感谢我的妻子维姬（Vicky），感谢她在整个写作过程中的不懈支持。没有她的鼓励，这本书将不会出现在读者面前。

参考文献

第 1 章　去，告诉斯巴达人！

Ernle Bradford, *Thermopylae: The Battle for the West* (Cambridge, MA: Da Capo Press, 2004).

Paul Cartledge, 'The Birth of the Hoplite: Sparta's Contribution to Early Greek Military Organization', in *Spartan Reflections*, 153-66 (London: Duckworth, 2001).

Paul Cartledge, 'What Have the Spartans Done for Us? Sparta's Contribution to Western Civilisation', *Greece & Rome*, 51 (2004), 164-79.

Paul Cartledge, *Thermopylae: The Battle that Changed the World* (London: Pam Macmillan, 2006).

Peter Green, *The Greco-Persian Wars* (Berkeley: University of California Press, 1996).

Nicholas G. L. Hammond, 'Sparta at Thermopylae', *Historia*, 45 (1996): 1-20.

Noreen Humble, 'Why the Spartans Fight So Well ... Even in Disorder— Xenophon's View', in *Sparta & War*, eds. S. Hodkinson and A. Powell, 219-34 (Swansea: Classical Press of Wales, 2006).

J. F. Lazenby, *The Spartan Army* (Barnsley: Pen & Sword Military, 2012).

Nicole Loraux, 'The Spartans' "Beautiful Death"', in *The Experiences of Tiresias: The Feminine and the Greek Man*, 77-91 (Princeton: Princeton University Press, 1995).

Marcello Lupi, 'Sparta and the Persian Wars, 499-478', in *A Companion to Sparta*, ed. A. Powell, 271-90 (Malden, MA: Wiley Blackwell, 2017).

Anton Powell, 'Sparta's Foreign— and Internal— History 478-403', in *A Companion to Sparta*, ed. A. Powell, 291-319 (Malden, MA: Wiley Blackwell, 2017).

Françoise Ruzé, 'The Empire of the Spartans (404-371)', in *A Com-panion to Sparta*, ed. A. Powell, 320-53 (Malden, MA: Wiley Blackwell, 2017).

第2章　斯巴达的公民结构

Paul Cartledge, 'The Spartan Kingship: Doubly Odd', in *Spartan Reflections*, 55-67 (London: Duckworth, 2001).

Paul Cartledge, *Sparta and Lakonia: A Regional History, 1300–362 B.C.*, 2nd edition (London and New York: Routledge, 2002).

William G. Cavanagh, 'An Archaeology of Ancient Sparta with Reference to Laconia and Messenia', in *A Companion to Sparta*, ed. A. Powell, 61-92 (Malden, MA: Wiley Blackwell, 2017).

Jean Ducat, 'The Spartan "Tremblers"', in *Sparta & War*, eds. S. Hodkinson and A. Powell, 1-56 (Swansea: Classical Press of Wales, 2006).

Jean Ducat, 'The Perioikoi', in *A Companion to Sparta*, ed. A. Powell, 596-614 (Malden, MA: Wiley Blackwell, 2017).

Michael Lipka, *Xenophon 's Spartan Constitution: Introduction, Text, Commentary* (Berlin, 2002).

Ellen G. Millender, 'Kingship: The History, Power, and Prerogatives of the Spartans' "Divine" Dyarchy', in *A Companion to Sparta*, ed. A. Powell, 452-79 (Malden, MA: Wiley Blackwell, 2017).

Massimo Naissi, 'Lykourgos the Spartan "Lawgiver": Ancient Beliefs and Modern Scholarship', in *A Companion to Sparta*, ed. A.

Powell, 93-123 (Malden, MA: Wiley Blackwell, 2017).

第 3 章　斯巴达式生活

Alfred S. Bradford, 'The Duplicitous Spartan', in *Shadow of Sparta*, eds. A. Powell and S. Hodkinson, 59-85 (London: Routledge, 1994).

Paul Christesen, 'Sparta and Athletics', in *A Companion to Sparta*, ed. A. Powell, 543-64 (Malden, MA: Wiley Blackwell, 2017).

Ephraim David, 'Sparta and the Politics of Nudity', in *Sparta: The Body Politic*, eds. A. Powell and S. Hodkinson, 137-63 (Swansea: Classical Press of Wales, 2010).

Thomas J. Figueira, 'The Nature of the Spartan Kleros', in *Spartan Society*, ed. T.J. Figueira, 47-76 (Swansea: Classical Press of Wales, 2004).

Thomas J. Figueira, 'Xenelasia and Social Control in Classical Sparta', *Classical Quarterly*, 53 (2003): 44-74.

N. R. E. Fisher, 'Drink, *Hybris* and the Promotion of Harmony in Sparta', in *Classical Sparta: Techniques Behind Her Success*, ed. A. Powell, 26-50 (London: Routledge, 1989).

Mogens H. Hansen, 'Was Sparta a Normal or Exceptional Polis?', in *Sparta: Comparative Approaches*, ed. S. Hodkinson, 385-416 (Swansea: Classical Press of Wales, 2009).

Mogens H. Hansen and Stephen Hodkinson, 'Spartan Exceptionalism?Continuing the Debate', in *Sparta: Comparative Approaches*, ed. S. Hodkinson, 473-98 (Swansea: Classical Press of Wales, 2009).

Stephen Hodkinson, *Property and Wealth in Classical Sparta* (Swansea: Classical Press of Wales, 2000).

Stephen Hodkinson, 'Was Classical Sparta a Military Society?' in *Sparta & War*, eds. S. Hodkinson and A. Powell, 111-62 (Swansea: Classical Press of Wales, 2006).

Stephen Hodkinson, 'Was Sparta an Exceptional Polis?', in *Sparta:*

Comparative Approaches, ed. S. Hodkinson, 417-72 (Swansea: Classical Press of Wales, 2009).

Stephen Hodkinson, 'Sparta: An Exceptional Domination of State over Society?', in *A Companion to Sparta*, ed. A. Powell, 29-58 (Malden, MA: Wiley Blackwell, 2017).

Polly Low, 'Commemorating the Spartan War-Dead', in *Sparta & War*, eds. S. Hodkinson and A. Powell, 85-109 (Swansea: Classical Press of Wales, 2004).

Michael Pettersson, *Cults of Apollo at Sparta: The Hyakinthia, the Gymnopaidiai and the Karneia* (Stockholm: Svenska institutet i Athen, 1992).

Anton Powell, 'Sparta: Reconstructing History from Secrecy, Lies and Myth', in *A Companion to Sparta*, ed. A. Powell, 3-28 (Malden, MA: Wiley Blackwell, 2017).

Nicolas Richer, 'The Religious System at Sparta', in *A Companion to Greek Religion*, ed. D. Ogden, 236-52 (Malden, MA: Wiley Blackwell, 2010).

Hans van Wees, 'Luxury, Austerity and Equality in Sparta', in *A Companion to Sparta*, ed. A. Powell, 202-35 (Malden, MA: Wiley Blackwell, 2017).

第4章 斯巴达式教育

Paul Cartledge, 'A Spartan Education', in *Spartan Reflections*, 79-90 (London: Duckworth, 2001).

James Davidson, *The Greeks and Greek Love: A Radical Reappraisal of Homosexuality in Ancient Greece* (London: Weidenfeld & Nicolson, 2007).

Jean Ducat, *Spartan Education: Youth and Society in the Classical Period* (Swansea: Classical Press of Wales, 2006).

Thomas J. Figueira, 'The Spartan *Hippeis*', in *Sparta & War*, eds.

S. Hodkinson and A. Powell, 57-84 (Swansea: Classical Press of Wales, 2004).

Nigel Kennell, *The Gymnasium of Virtue: Education & Culture in Ancient Sparta* (Chapel Hill: University of North Carolina Press, 1995).

Ellen Millender, 'Spartan Literacy Revisited', *Classical Antiquity*, 20 (2001): 121-64.

Anton Powell, 'Spartan Education', in *A Companion to Ancient Edu-cation*, ed. W.M. Bloomer, 90-111 (Malden, MA: Wiley Blackwell, 2015).

Nicolas Richer, 'Spartan Education in the Classical Period', in *A Companion to Sparta*, ed. A. Powell, 524-42 (Malden, MA: Wiley Blackwell, 2017).

第 5 章 斯巴达女性

Paul Cartledge, 'Spartan Wives: Liberation or Licence?', *Classical Quarterly*, 31 (1981): 84-105.

M. Dillon, 2007. 'Were Spartan Women Who Died in Childbirth Honoured with Grave Inscriptions?', *Hermes*, 135 (2007): 149-65.

Thomas J. Figueira, 'Gynecocracy: How Women Policed Masculine Behavior in Archaic and Classical Sparta', in *Sparta: The Body Politic*, eds. A. Powell and S. Hodkinson, 265-96 (Swansea: Classical Press of Wales, 2010).

Stephen Hodkinson, 'Female Property Ownership and Empowerment in Classical and Hellenistic Sparta', in *Spartan Society*, ed. T. J. Figueira, 103-36 (Swansea: Classical Press of Wales, 2004).

Ellen Millender 'Spartan Women', in *A Companion to Sparta*, ed. A. Powell, 500-24 (Malden, MA: Wiley Blackwell, 2017).

Sarah B. Pomeroy, *Spartan Women* (New York: Oxford University Press, 2002).

Anton Powell, 'The Women of Sparta— and of Other Greek Cities—at War', in *Spartan Society*, ed. T. J. Figueira, 137-50 (Swansea: Classical Press of Wales, 2004).

Andrew G. Scott, 'Plural Marriages and the Spartan State', *Historia*, 60 (2011): 413-24.

第6章 希洛人

Paul Cartledge, 'Richard Talbert's Revision of the Sparta-HelotStruggle: A Reply', *Historia*, 40: (1991), 379-81.

Paul Cartledge, 'Raising Hell? The Helot Mirage—A Personal Review', in *Helots and Their Masters in Laconia and Messenia: Histories, Ideologies, Structures*, eds. Nino Luraghi and Susan E. Alcock, 12-30 (Cambridge, MA: Harvard University Press, 2003)

Thomas Figueira, 'Helotage and the Spartan Economy', in *A Companion to Sparta*, ed. A. Powell, 565-95 (Malden, MA: Wiley Blackwell, 2017).

David Harvey, 'The Clandestine Massacre of the Helots (Thucydides 4.80)', in *Spartan Society*, ed. T. J. Figueira, 199-217 (Swansea: Classical Press of Wales, 2004).

David Lewis, *Greek Slave Systems in their Eastern Mediterranean Context, c.800-146 BC* (Oxford: Oxford University Press, 2018).

Stefan Link, 'Snatching and Keeping: The Motif of Taking in Spartan Culture', in *Spartan Society*, ed. T. J. Figueira, 1-24 (Swansea: Classical Press of Wales, 2004).

Nino Luraghi, 'The Imaginary Conquest of the Helots', in *Helots and Their Masters in Laconia and Messenia: Histories, Ideologies, Struc-tures*, eds. Nino Luraghi and Susan E. Alcock, 109-41 (Cambridge, MA: Harvard University Press, 2003).

Nino Luraghi, *The Ancient Messenians* (Cambridge: Cambridge University Press, 2008).

Nino Luraghi, 'The Helots: Comparative Approaches, Ancient and Modern', in *Sparta: Comparative Approaches*, ed. S. Hodkinson, 261-304 (Swansea: Classical Press of Wales, 2009).

Ellen Millender, 'Spartan State Terror: Violence, Humiliation, and the Reinforcement of Social Boundaries', in *Brill's Companion to Insurgency and Terrorism in the Ancient Mediterranean*, eds. Timothy Howe and Lee L. Brice, 117-50 (Leiden: Brill, 2016).

Annalisa Paradiso, 'The Logic of Terror: Thucydides, Spartan Dupli-city and an Improbable Massacre', in *Spartan Society*, ed. T. J. Figueira, 179-98 (Swansea: Classical Press of Wales, 2004).

Richard J. A. Talbert, 'The Role of the Helots in the Class Struggle at Sparta', *Historia*, 38 (1989): 22-40.

Hans van Wees, 'Conquerors and Serfs: Wars of Conquest and Forced Labour in Archaic Greece', in *Helots and Their Masters in Laconia and Messenia: Histories, Ideologies, Structures*, eds. Nino Luraghi and Susan E. Alcock, 33-80 (Cambridge, MA: Harvard University Press, 2003).

第 7 章　斯巴达的现代遗产

Lynn S. Fotheringham, 'The Positive Portrayal of Sparta in Late-Twentieth-Century Fiction', in *Sparta in Modern Thought: Politics, History and Culture*, eds. S. Hodkinson and I. Macgregor Morris, 393-428 (Swansea: Classical Press of Wales, 2012).

Kieron Gillen, *Three* (Portland, OR: Image Comics, 2014).

Sean R. Jensen, 'Reception of Sparta in North America: Eighteenth to Twenty-First Centuries', in *A Companion to Sparta*, ed. A. Powell, 704-22 (Malden, MA: Wiley Blackwell, 2017).

Haydn Mason, 'Sparta in the French Enlightenment', in *Sparta in Modern Thought: Politics, History and Culture*, eds. S. Hodkinson and I. Macgregor Morris, 71-104 (Swansea: Classical Press of

Wales, 2012).

Frank Miller, *300* (Milwaukee, OR: Darkhorse Books, 1999).

Ian Macgregor Morris, 'The Paradigm of Democracy: Sparta in Enlightenment Thought', in *Spartan Society*, ed. T. J. Figueira, 339-62 (Swansea: Classical Press of Wales, 2004).

Gideon Nisbet, *Ancient Greece in Film and Popular Culture*, 2nd edition (Bristol: Bristol Phoenix Press, 2008).

Steven Pressield, *Gates of Fire: An Epic Novel of the Battle of Therm-opylae* (London: Bantam Books, 2000).

Elizabeth Rawson, *The Spartan Tradition in European Thought* (Oxford: Oxford University Press, 1969).

Stefan Rebenich, 'Reception of Sparta in Germany and German-Speaking Europe', in *A Companion to Sparta*, ed. A. Powell, 685-703 (Malden, MA: Wiley Blackwell, 2017).

Helen Roche, *Sparta's German Children* (Swansea: Classical Press of Wales, 2013).

延伸阅读

近三十年来，关于斯巴达的研究激增，其中大部分出自于国际斯巴达研讨会，而我也曾有幸为其供稿。下列阅读清单并不全面，而是罗列了一些专门研究斯巴达和斯巴达人的最新成果，其中大部分产生于一系列斯巴达研讨会，并且大部分由英文撰写。

Luis Filipe Bantim de Assumpção, ed., *Esparta. Política e sociedade* (Curitiba: Editora Prismas, 2017).

Paul Cartledge, *Agesilaos and the Crisis of Sparta* (London: Duckworth, 1987).

Paul Cartledge, *Spartan Reflections* (London: Duckworth, 2001).

Paul Cartledge, *Sparta and Lakonia: A Regional History, 1300–362 B.C.*, 2nd edition (Abingdon: Routledge, 2002).

Paul Cartledge and Antony Spawforth, *Hellenistic and Roman Sparta: A Tale of Two Cities* (London: Duckworth, 1989).

Paul Cartledge, Nikos Birgalias, and Kostas Buraselis, eds., *Ησυμβολή της αρχαίας Σπάρτης στην πολιτική σκέψη και πρακτική (The Contribution of Ancient Sparta to Political Thought and Practice)* (Athens: Alexandria Publications, 2007).

William G. Cavanagh and S. E. C. Walker, eds., *Sparta in Laconia: The Archaeology of a City in its Countryside. Proceedings of the 19th British Museum Colloquium* (London: British School at

Athens, 1998).

William G. Cavanagh, Christopher Mee, and P. James, eds.,*The Laconia Rural Sites Project, Annual of the British School atAthens,* Supplement 36 (London: British School at Athens,2005).

Jacqueline Christien and Françoise *Ruzé, Sparte. Géographie, mythes et histoire* (Paris: Armand Colin, 2007).

M. G. L. Cooley, *LACTOR 21: Sparta* (London: London Association of Classical Teachers, 2017).

Thomas J. Figueira, ed., *Spartan Society* (Swansea: Classical Press of Wales, 2004).

L. F. Fitzhardinge, *The Spartans* (London: Thames & Hudson, 1980).

Stephen Hodkinson, *Property and Wealth in Classical Sparta* (Swansea: Classical Press of Wales, 2000).

Stephen Hodkinson, ed., *Sparta: Comparative Approaches* (Swansea: Classical Press of Wales, 2009).

Stephen Hodkinson and Ian Macgregor Morris, eds., *Sparta in Modern Thought: Politics, History and Culture* (Swansea:Classical Press of Wales, 2012).

Stephen Hodkinson and Anton Powell, eds., *Sparta: New Perspectives* (Swansea: Classical Press of Wales, 1999).

Stephen Hodkinson and Anton Powell, eds., *Sparta & War*(Swansea: Classical Press of Wales, 2006).

Nigel M. Kennell, *The Spartans* (Malden, MA: Wiley Blackwell, 2010).

Edmond Lévy, *Sparte. Histoire politique et sociale jusqu'à la conquéte romaine* (Paris: Seuil, 2003).

Marcello Lupi, *L'Ordine delle generazioni. Classi di età e costumi matrimoniali nell'antica Sparta* (Bari: Edipuglia, 2000).

Andreas Luther, Mischa Meier, and Lukas Thommen, eds.,*Das Frühe Sparta* (Stuttgart: Franz Steiner Verlag, 2006).

Massimo Nafissi, *La nascita del kosmos. Studi sulla storia e la società di Sparta* (Naples: Edizioni Scientifiche Italiane,1991).

François Ollier, *Le mirage spartiate. Étude sur l'idéalisation de Sparte dans l'antiquité grecque,* 2 volumes (Paris 1933–43).

Vassiliki Pothou and Anton Powell, eds., *Das antike Sparta* (Stuttgart: Steiner Franz Verlag, 2017).

Anton Powell, ed., *Classical Sparta: Techniques behind Her Success* (London: Routledge, 1989).

Anton Powell, ed., *A Companion to Sparta* (Malden, MA:Wiley Blackwell, 2017).

Anton Powell and Stephen Hodkinson, eds., *Shadow of Sparta* (London: Routledge, 1994).

Anton Powell and Stephen Hodkinson, eds., *Sparta:Beyond the Mirage* (Swansea: Classical Press of Wales, 2002).

Anton Powell and Stephen Hodkinson, eds., *Sparta: The Body Politic* (Swansea: Classical Press of Wales, 2010).

Nicolas Richer, Les éphores. *Études sur l'histoire et sur l'image de Sparte (VIIIe–IIIe siècles avant Jésus–Christ)* (Paris: Publications de la Sorbonne, 1998).

Nicolas Richer, *La religion des Spartiates. Croyances et cultes dans l'Antiquité* (Paris: Belles lettres, 2012).

Nicolas Richer, *Sparte. Cité des arts, des armes et des lois* (Paris: Perrin, 2018).

Scott M. Rusch, *Sparta at War: Strategy, Tactics, and Campaigns, 550–362 BC*(Barnsley: Frontline Books, 2011).

Nick Sekunda, *The Spartan Army* (Oxford: Osprey Publishing, 1988).

MichaelWhitby, ed., *Sparta* (Edinburgh: Edinburgh University Press, 2002)